AF330524

APPEL

A LA

SOUVERAINETÉ NATIONALE.

IMPRIMERIE D'ÉVERAT,

ruc du Cadran, n° 16.

APPEL

A

La Souveraineté Nationale,

SUR UNE QUESTION QUI TOUCHE LA GLOIRE ET LES

INTÉRÊTS NATIONAUX

DU PEUPLE FRANÇAIS;

SUIVI D'UN PROJET DE

PÉTITION AU ROI DES FRANÇAIS;

Par Charles-Henri Brailleul fils.

SECONDE ÉDITION.

PARIS.

L'AUTEUR, RUE COQUENARD, N° 46,
A. LEVAVASSEUR, PALAIS-ROYAL,
LECOINTE, QUAI DES AUGUSTINS, N° 49.

DÉCEMBRE 1830.

APPEL

A

LA SOUVERAINETÉ NATIONALE,

SUR UNE QUESTION QUI TOUCHE LA GLOIRE ET

LES INTÉRÊTS NATIONAUX

DU PEUPLE FRANÇAIS.

Les événemens ont amené, dans notre vie politique, une conjoncture grave par sa nature, plus grave encore par sa liaison intime avec notre gloire et nos intérêts comme peuple. Une nécessité terrible semble nous être imposée par la sainteté de la vindicte publique; et cependant, si l'accomplissement de cette nécessité doit avoir pour le pays des conséquences funestes, comment y échapper sans porter atteinte aux droits de la justice, sans causer une déplorable perturbation dans notre organisation sociale? Telle est la question compliquée qui se présente à résoudre.

Je me propose de le faire ici; de retracer quel est, sous

cet aspect, le caractère de notre position, de montrer quelles en sont les difficultés réelles, et de prouver que, dans l'impuissance à laquelle sont réduits à cet égard tous les pouvoirs établis, il est une seule voie d'ordre et de salut, l'appel direct à la souveraineté nationale.

Mais reprenons les choses à leur origine, et, avant de nous occuper de la conclusion, suivons les développemens préliminaires.

Par suite de l'attentat le plus criminel, les hommes qui composaient le dernier ministère de l'ex-roi Charles X sont aujourd'hui en état d'accusation. Le crime est avéré, le châtiment ne peut être éludé, la sentence ne doit pas se faire attendre.

Mais quel tribunal est compétent pour prononcer cette sentence? Dans quelle loi est écrit ce châtiment? De quelle peine en effet est passible ce crime? Voilà trois points antécédens qui rendent complexe la question finale ; et il nous faut au préalable les considérer pour arriver à la solution de celle-ci.

Les ministres accusés espèrent invoquer , sinon avec une efficacité réelle, du moins avec un certain succès moral, une exception fondée sur l'élimination de quatre-vingts ou cent juges du tribunal devant lequel ils sont appelés à comparaî-tre. C'est une erreur complète, il est facile de le démontrer.

Qu'était notre droit public fondé en 1814? une transaction entre la Souveraineté nationale et le prétendu Droit divin, transaction à la fois imposée par la force et surtout surprise par la ruse; mais toute à l'avantage du Droit divin, entre les mains duquel elle remettait le gouvernement de la France. Si, depuis 1814, la tendance continue, occulte d'abord, puis patente, du Droit divin fut le rétablissement complet du despotisme de l'ancien régime, accru de l'ab-sence des diverses garanties qui composaient la liberté de nos pères, cette action non interrompue et ses malheureux effets n'étaient que le développement du germe funeste dé-posé dans la Charte octroyée.

Toutefois, dans la transaction, le Droit divin avait dû faire quelques concessions, tout en se réservant tacitement de les reprendre aussitôt qu'il lui serait possible. Parmi ces concessions, stipulées toutes par une arrière-pensée, figurait la responsabilité du ministère, c'est-à-dire la reconnaissance du droit d'accuser et de poursuivre au nom du Peuple l'action du prétendu Droit divin, action dont le ministère était la forme vivante, dans le cas où elle dépasserait la ligne de partage tracée par l'acte de transaction, pour envahir la part déjà si faible de la Souveraineté nationale. Un droit aussi décisif ne pouvait être avoué de bonne foi; il devait être tronqué, altéré, neutralisé par tous les moyens imaginables. C'est ce qui arriva en effet. L'on se borna à une simple énonciation dans la Charte, et l'on se refusa constamment aux lois complémentaires qui devaient lui donner une existence effective.

Sous le rapport du tribunal, et c'est là l'objet dont nous avons exclusivement à nous occuper en ce moment, la Charte remettait de prononcer sur les actes du ministère, c'est-à-dire sur les envahissemens du prétendu Droit divin, en apparence à un pouvoir indépendant de son influence, et en effet à un corps privilégié, noble, héréditaire, dont les intérêts de caste s'identifiaient avec ceux du Droit divin, en se fondant également sur des prérogatives abusives, mortelles à la Souveraineté nationale, destructives du Pacte social.

La Chambre des Pairs, néanmoins, soit que la transaction de 1814 y eût fait entrer trop d'élémens sortis du Peuple, et qui, dominés par de précédentes habitudes de l'esprit, n'avaient pas encore passé sous l'influence de leur position nouvelle, soit plutôt que, moins aveugles, moins téméraires ou plus habiles, les nouveaux privilégiés ne voulussent pas s'exposer à devenir victimes, en s'en rendant complices, de l'exécution trop brusquée des plans du prétendu Droit divin, la Chambre des Pairs, dis je, se refusa de plus en plus à suivre le gouvernement dans la voie périlleuse où il se précipitait avec une maladroite impatience. Ce dernier fut forcé d'avoir incessamment recours , en détail et en masse , pour consolider ou rétablir sa majorité dans cette Chambre , à la faculté qu'il s'était attribuée , par une prévision différente , de créer à volonté de nouveaux pairs.

La dernière et la plus scandaleuse de ces promotions intempérées était en outre motivée par une circonstance particulière. Le Droit divin avait écarté comme une gêne le manteau d'hypocrisie dont il s'était enveloppé à l'origine ; son astuce s'était métamorphosée en témérité. La Nation alors enfin avait reconnu jusqu'à l'évidence la trame ourdie contre ses dernières libertés ; la confiance avait fait place à l'inquiétude ; l'indignation avait succédé à une admirable patience ; le système anti-national , en un mot , était menacé d'une poursuite juridique dans la personne des ministres. Ainsi, il avait été urgent de parer avant tout autre soin aux dangers d'une pareille expectative , d'éviter un échec irréparable , d'assurer au contraire l'absolution et le triomphe des chefs visibles et responsables de la conspiration , afin de pouvoir ensuite aviser aux moyens de poursuivre de nouveau et de mettre à fin la grande œuvre de la Contre-révolution.

De ce moment , l'irritation du Peuple français fut portée au dernier point ; il ne put douter qu'on n'eût l'intention de le braver , qu'on ne poussât l'illusion jusqu'à se flatter de l'emporter de haute lutte contre lui. Il sortit enfin de sa longanimité. Les insensés ne comprirent pas qu'un peuple qui se met en mouvement n'a qu'un geste à faire pour écarter ses oppresseurs. Abusés par cet apparent oubli de nos droits pendant seize années , ils crurent tout possible à leur ambition en délire ; ils s'obstinèrent. Tant que leur système avait paru assez impuissant pour que les conséquences en fussent moins dangereuses au bien-être social que les efforts qu'il aurait fallu pour le renverser; par une erreur trop commune aux peuples, qui sacrifient les biens durables de la liberté aux avantages trop souvent trompeurs et passagers d'une tranquillité actuelle, ce système avait pu se développer sans grande résistance. Mais du moment où son maintien apporta plus de perturbation dans l'ordre social que ne le pouvait faire son renversement, il fut jeté à terre d'un seul coup.

Alors la conspiration eut à rendre des comptes, ses agens responsables à porter le poids d'une accusation. Mais à quel tribunal devions-nous les citer?

Il pouvait paraître obligatoire de remonter à la juridiction suprême de la Nation. En effet, la transaction de 1814, qui en désignait une autre, avait été violemment déchirée par les prévenus eux-mêmes. Se croyant assez solidement établis pour se passer de la décevante apparence du droit qu'ils avaient d'abord affectée, ils y avaient aussitôt renoncé, rejetant avec elle tout retour à la légalité. La force seule avait survécu; la force, qui concourut si puissamment à élever l'autorité du prétendu Droit divin, en était devenue désormais le seul support. Le Peuple avait donc été réduit, pour ne pas se laisser terrasser et lier, à opposer la force à la force : le résultat ne pouvait être ni douteux ni long-temps attendu. Dès-lors, vaincus dans la lutte, dont ils étaient les provocateurs, nos ennemis auraient-ils été fondés à renier la victoire et protester contre ses conséquences; abattus par la force, dont eux seuls avaient fait la loi du combat, auraient-ils en bonne grâce à récuser la force, à prétendre éluder ses droits? Non, sans doute; et la Nation victorieuse n'avait d'autre titre à invoquer pour lés améner devant son propre tribunal ; que celui-là même sur lequel , pendant seize ans, pour se jouer de notre pacte social et nous imposer un joug ignominieux , s'étaient réellement appuyés , en le couvrant d'une légitimité dérisoire , ces hommes arrogans et iniques : la raison du plus fort.

A ce droit né du combat , nous pouvions ajouter un droit plus ancien ; car si la veille venait de révéler notre force , son origine éternelle consacrait notre souveraineté. C'était donc non-seulement en qualité de plus fort, mais aussi en qualité de souverain que le Peuple français avait à juger, non pas un crime de particulier à particulier , un crime enfermé dans les limites des lois établies ou reconnues par la Souveraineté , mais un attentat qui avait effacé de notre constitution toute loi écrite destinée à le refréner, un attentat exécrable contre la souveraineté même. C'était en qualité de souverain que le Peuple français avait , dans son omnipotence , à faire comparaître les coupables de lèse-nation devant sa juridiction directe; à instruire leur procès dans sa majesté; à leur infliger le châtiment dans sa justice.

Tel était notre droit fondé sur un double titre. Ce droit était absolu , en dehors de tout contrôle. Ce n'étaient pas des membres du Pacte social que nous avions à condamner ou à absoudre , dans un état de choses régulier, et conformément aux principes ordinaires de la société ; c'étaient des hommes qui s'étaient eux-mêmes incessamment placés en dehors de ce pacte , qui, dans leur prévoyance liberticide , s'étaient toujours refusés à le sanctionner par des peines contre sa violation, qui en avaient obstinément nié l'existence , détruit les résultats ; qui l'eussent anéanti lui-même s'il n'eût pas été impérissable. C'étaient des conspirateurs, des ennemis, des transfuges, des traîtres. Tombés en notre pouvoir, à nous appartenait de les frapper selon nos propres lois, c'est-à-dire selon les lois qui dérivent naturellement de la première des lois : celle de conservation ; qui reposent sur la première des nécessités : le salut du Peuple. A nous, réintégrés dans la plénitude de notre autorité, appartenait de leur faire l'application de ces lois par nous-mêmes, ou par le tribunal qu'il nous eût plu d'instituer, en vertu de la Souveraineté du Peuple.

Autrement, s'il nous fallait rechercher nos lois de conservation, et le principe de notre juridiction, ailleurs qu'à leur intarissable source, s'il fallait les redemander à un ordre de choses qui eût pu les détruire en les usurpant, où en serions-nous aujourd'hui ? Si la Souveraineté nationale n'était pas subsistante par elle-même, vivace sous la tyrannie, invulnérable à la force, quelle serait la légitimité de notre nouvelle Charte, de notre Dynastie nouvelle, filles toutes deux de la Souveraineté du Peuple ?

Mais une chose importe essentiellement au salut du Peuple, c'est que l'action sociale ne soit jamais interrompue. Car, avant le gouvernement, est la société. Or, l'existence de la société tient à des conditions nécessaires auxquelles les gouvernemens les plus usurpateurs ne peuvent attenter sans se suicider eux-mêmes à l'instant. Le Peuple français, tout en renversant l'usurpation, a donc dû veiller avec soin à la préservation de ces conditions vitales, dont il n'avait point cesser de réclamer le respect. C'est par suite de ce sentiment spontané, de cet instinct naturel, qu'il s'est présenté au combat, qu'il a lutté et vaincu en criant : *Vive la Charte* ; c'est-à-dire la Charte en tant que consacrant un ordre social. Ce n'était certes pas, en effet, la transaction de 1814, stipulant les prérogatives du prérendu Droit divin qu'il avait en vue lorsqu'il se référait à la Charte : cette partie de la Charte, il avait les armes à la main pour la retrancher. Ce n'était pas dans le droit ou dans l'intérêt de la fausse Légitimité, des représentans par conséquent dans l'accusation actuelle de cette Légitimité si illégitime, qu'il revendiquait la Charte ; mais c'était dans son propre intérêt et dans son propre droit ; c'était pour sauver du naufrage les bienfaisans résultats de notre première révolution, stipulés en son nom, bien que d'une manière incomplète, dans la Charte de 1814, et qu'un pouvoir parjure travaillait, depuis seize ans, à lui ravir par la fraude et par la violence. Aussi ce cri significatif comprenait-il naturellement sous-entendue la réforme de ce que la violence et la fraude avaient introduit dans la Charte de contraire aux droits immuables du Peuple, de ce qui plaçait, dans le texte du pacte même, le principe de sa propre destruction.

Cette réforme a-t-elle été faite d'une manière franche, nette, suffisante ? C'est ce dont je n'ai pas à m'occuper dans cet écrit. Je n'ai pas non plus à rechercher s'il est bon, en général, que les ministres de la Royauté soient jugés par un corps tel qu'est la Chambre des Pairs ; je dois seulement examiner l'effet du rétablissement de la Charte de 1814, rendue à sa destination naturelle, par rapport au procès des ministres de Charles X, et au tribunal qui les doit juger.

Ce tribunal est indiqué, par la Charte de 1814, dans la Chambre des Pairs ; la Charte de 1830 a ratifié l'existence de la Chambre des Pairs, avec une réserve seulement contre l'hérédité. Elle lui a laissé les mêmes attributions judiciaires, et s'est contentée de réformer le personnel des juges. Néanmoins, elle a d'abord maintenu les hommes appelés à y siéger au moment même de la transaction de 1814; elle a de plus conservé également ceux qui furent nommés par la suite, avec une régularité au moins apparente, jusqu'au moment où la Contre-révolution est arrivée ostensiblement au pouvoir, et où le Droit divin s'est mis en marche, enseignes déployées, contre la Souveraineté du Peuple. Toutes les nominations faites depuis lors ont été déclarées nulles; j'en ai suffisamment indiqué les raisons tout-à-l'heure.

C'est contre ce dernier acte que l'on prétendrait réclamer; c'est en désaveu de cet acte que l'on ne craindrait pas de décliner la compétence de la Cour; c'est contrairement à cet acte que l'on voudrait faire remonter sur leurs siéges de prétendus juges placés là dans la vue expresse de fausser le jugement qui pouvait alors, qui doit aujourd'hui intervenir. Eh quoi! de ce que des hommes seraient assez puissans pour composer d'avance à leur gré le tribunal qui les doit éventuellement juger; de ce qu'ils pourraient, en se parant de formes légales, appeler à siéger sur ses bancs leurs amis, leurs créatures, leurs partisans, leurs fauteurs, leurs complices, il s'ensuivrait donc que ces hommes pourraient impunément s'abandonner à toute leur perversité? qu'ils pourraient violer les garanties privées, attenter aux libertés publiques, usurper les droits inaliénables de la Souveraineté, armer, pour soutenir cette usurpation, des citoyens trompés contre la cité même, bouleverser, en un mot, la société de fond en comble; et, après avoir fait tant de mal, parce que leurs mains sacriléges auraient frappé le Peuple avec le glaive du Peuple, ils resteraient à l'abri de toute atteinte derrière l'égide sacrée de la Constitution? Non, non; et si une pareille supposition se réalisait jamais, il faudrait se hâter de renoncer à vivre dans une société où se rencontreraient de pareils hommes; car la société elle-même ne tarderait pas à se dissoudre et à tomber dans un affreux chaos, là où les citoyens n'auraient plus à attendre de justice que de leurs propres mains.

Les ministres accusés ne sont donc pas recevables à venir dire à la nation : « Ne pouvant éluder de fonder un tribunal pour prononcer sur ses actes, la faction contre-révolutionnaire, dont nous sommes les chefs avoués, avait, en vertu d'une transaction toute partiale en sa faveur, nommé elle-même ses arbitres futurs ; elle avait eu soin de les choisir appartenant la plupart à l'ancien ordre de choses que nous conspirions pour rétablir, de les lier tous à ses intérêts en les associant à ses priviléges. Cependant elle reconnut bientôt que, malgré ses prévisions et ses soins, l'institution retenait encore quelque chose de national qui pouvait la perdre. Il lui fallut fausser même la capitulation déjà si avantageuse pour elle. Elle osa le faire ; elle osa dénaturer le tribunal accepté par la résignation de la France, pour le rendre pire encore, pour le rendre autant nôtre et aussi peu national qu'il était possible qu'il le fût. C'est ce tribunal ainsi composé et non pas un autre qui doit décider de nous, assaillans homicides de la Nation. »

Et la Nation serait obligée d'accueillir un pareil raisonnement ! Il n'en est heureusement pas ainsi. Lorsqu'au nom du Peuple français on a répudié un certain nombre de Pairs, on n'avait nullement en vue le jugement des ministres coupables ; il n'en était même pas question encore. On n'avait en pensée qu'une plus haute considération, le salut public, qui exigeait de rendre, autant qu'il se peut à l'indépendance un pouvoir dont le concours est requis pour la confection de nos lois civiles et politiques. Si la restitution de cette indépendance rétablit en même temps l'impartialité judiciaire de la compagnie, si elle assure le respect de la loi et le châtiment du crime, si elle garantit une majorité plus forte à l'application de la peine, eh bien ! c'est une justice en même temps qu'une rigoureuse nécessité. Le principe en effet qui domine les autres est que toute action criminelle reçoive sa punition; et un forfait aussi éclatant, aussi énorme, aussi impie, un forfait qui a ébranlé l'édifice social jusque dans ses fondemens, un tel forfait ne peut rester impuni à la face du ciel et de la terre.

Et qu'on ne vienne pas, à cette occasion, calomnier, je ne dirai pas l'équité, mais la générosité du Peuple français; car, je le demande, est-ce le Droit divin, ou plutôt ne serait-ce pas la Souveraineté nationale qui pourrait s'armer de l'incompétence pour récuser un tribunal créé par la transaction de 1814, pour rejeter non pas partiellement, mais en masse, la Chambre des Pairs tout entière, où ne figure aucun membre qui ne soit l'élu d'un pouvoir perfide que nous venons de chasser comme notre plus mortel ennemi ? Ne pas évoquer l'affaire, dans cette circonstance, ne pas juger nous-mêmes, je le proclame hautement, c'est magnanimité; car nous laissons à un corps aristocratique le soin de prononcer sur la cause de l'aristocratie.

Mais telle est la justice de notre cause, telle est l'évidence de nos droits, tel est si manifeste le crime de nos ennemis, que, si des intérêts plus puissans ne s'y opposaient pas, j'appellerais de toutes mes forces, pour ne pas laisser subsister même un faux prétexte, la réinstallation de tous les pseudo-juges jusqu'au dernier. Tant je suis certain que l'arrêt n'en serait en rien altéré; tant il est incroyable que des hommes, quels qu'ils soient, trahissent dans une conjoncture aussi solennelle un mandat aussi sacré; tant il est impossible enfin que, fût-ce même des complices, ils s'exposassent en ne condamnant pas les assassins du Peuple, à pousser le Peuple au désespoir, à le forcer de recourir à la vengeance au défaut de la justice, à le réduire à la triste nécessité d'affronter de nouveau les chances d'une épouvantable conflagration, dont les premières victimes seraient les juges prévaricateurs !

Reconnaissons donc en terminant ce chapitre, d'une part, que si la Nation, dont l'option était libre, a, elle-même et de son plein gré, accepté la forme juridique établie par la Charte, cette forme suffit pour assurer la vindication publique, et que l'intérêt national n'en saurait être compromis, la Chambre noble fût-elle au grand complet du Droit divin; en second lieu, que les ministres de Charles X ne sont nullement admissibles à décliner la compétence de la Cour des Pairs telle que l'avait érigée la Charte de 1814, et que l'a rétablie la Charte de 1830. Concluons enfin que la Cour des Pairs est le seul tribunal qui puisse et qui doive constater le crime et appliquer la peine, depuis que le Peuple français a unanimement reconnu l'état de choses sorti de la révolution du mois de juillet.

Nous venons de voir que ce n'est pas la Cour des Pairs qui condamnera les anciens ministres en accusation, mais qu'ils sont déjà condamnés par l'évidence de leurs actes et par le juste arrêt de la Nation tout entière ; que la Cour des Pairs ne sera en réalité que l'organe régulier et légal de cette condamnation, et que toute difficulté sur sa composition ne peut être qu'un vain recours. Mais ce n'est pas seulement le tribunal que l'on se promet de contester en leur nom, la loi aussi doit être l'objet de plus d'une attaque. Voyons si l'on sera mieux fondé sur ce point.

Un premier argument à cet égard, et le principal, est celui-ci : l'article de la Charte de 1814, conservé dans celle de 1830, qui déclare les ministres responsables, veut en même temps que la personne du Roi soit inviolable et sacrée. Or, ajoutent les champions des accusés, les ministres, qui, par une connexion évidente, ne sont responsables que pour assurer l'inviolabilité du Roi, cessent de l'être du moment où cette inviolabilité n'est pas maintenue. Dans l'espèce, continuent-ils, la personne du Roi n'est pas restée inviolable et sacrée, puisque le Roi a été renversé de son trône ; donc les ministres de l'ex-roi Charles X ne sont plus responsables. Voilà le raisonnement dépouillé des accessoires de sensibilité factice dont on a l'audace criminelle de l'ajuster, pour tâcher d'apitoyer les ames oublieuses et imprévoyantes.

Le syllogisme est régulier sans contredit; mais l'allégation est vicieuse, parce qu'elle repose sur des principes essentiellement faux. Et d'abord ce serait bien faussement interpréter la loi que de lui faire dire que, si le Roi participait si évidemment au crime qu'il pût, ce que je n'admets en aucun cas et ce que repousseront avec moi tous ceux qui entendent le moins du monde le gouvernement représentatif, être amené en cause, les ministres cesseraient d'être responsables. Jamais les ministres ne peuvent n'être pas responsables des actes du gouvernement contresignés par eux. Ils pourraient être absous dans un seul cas, celui où ils viendraient à prouver que leur signature au bas de l'acte par suite duquel ils sont poursuivis est fausse, ou bien qu'elle leur a été surprise ou arrachée; mais, dans ce cas même, ils ne seraient pas renvoyés comme non-responsables, ils seraient acquittés comme innocens. Si, dans l'hypothèse que je cite sans l'adopter, ils ne parvenaient pas à établir cette absence de volonté de leur part, ils ne pourraient pas échapper à la condamnation, sinon comme principaux auteurs, au moins comme complices et participans actifs du crime.

Accueillir une doctrine différente, c'est engager les ministres à rejeter la responsabilité sur la tête du Roi pour la détourner de la leur, car c'est leur en donner la possibilité; et nul doute que des homme audacieux et habiles ne réussissent toujours à le faire. Ne laissons pas naître une pareille espérance, se créer un semblable intérêt; n'autorisons jamais une aussi dangereuse substitution. Ce serait vouloir nous exposer à ce que l'ordre social fût sans cesse remis en question. Non, jamais, il ne peut y avoir d'exception au grand principe sur lequel repose la constitution de notre gouvernement : la personne du Roi est inviolable et sacrée; les ministres, et les ministres seuls, sont responsables.

Ce principe fondamental a-t-il été observé à la suite de la révolution si pure de juillet. Oui, certainement oui; il n'y a que les ignorans ou fourbes sectateurs du Droit divin qui puissent avancer et soutenir une thèse contraire. Ils regardent les peuples comme un bétail appartenant aux rois par droit de naissance; ils font du trône une propriété héréditaire incommutable. Mais les hommes vraiment éclairés sur la nature du Pacte social s'appuient sur un axiôme bien différent. Pour eux la souveraineté appartient, appartient uniquement au Peuple, c'est-à-dire à la communauté tout entière; la souveraineté, ou la volonté générale en action, est inaliénable, indivisible, indestructible. Vient ensuite le gouvernement, qui est subséquent et subsidiaire à la formation et à l'existence de la société, le gouvernement dont la forme est subordonnée à la volonté commune, à la Souveraineté du corps social.

De ce que, par un effet de la volonté générale d'une nation, par suite de conditions réciproques imposées et acceptées par elle, la personne de son roi est inviolable et sacrée, il ne s'ensuit donc pas que le despotisme de son roi soit également inviolable et sacré, et qu'il puisse être éternel. Il en résulte seulement que, sans jamais pouvoir aliéner le droit de maintenir ou de changer à son gré la forme de son gouvernement ou la personne de son roi, le Peuple renonce, en tout événement, à violer la personne, c'est-à-dire à attenter à la vie ou à la liberté de son roi.

Ainsi une nation, dans son inaliénable souveraineté, peut toujours vouloir et déclarer que celui qu'elle avait fait son roi a cessé de l'être; et alors le roi redevient simple particulier. Ce n'est plus le même être moral. Son caractère sacré et inviolable, reflet de la souveraine majesté, disparaît à l'instant, pour faire place aux seules qualités d'homme et de citoyen; il recommence à être membre ordinaire de la société; et, s'il était possible qu'il continuât d'habiter le même territoire sur lequel il ne continue plus de régner, comme, par exemple, dans le cas d'une abdication, il se trouverait de nouveau, ainsi que les autres particuliers, responsable de ses actions devant la loi. Mais il n'est responsable devant aucune loi, soit pendant qu'il est sur le trône, soit lorsqu'il en est descendu, de ce qu'il a fait comme roi, à l'abri de la responsabilité de ses ministres. Aucun tribunal n'a rien à voir à ses actes; la Souveraineté elle-même se l'est expressément interdit, et a posé, dans l'intérêt commun, cette exception à son omnipotence.

Voilà les vrais principes de notre droit public, et ces principes ont été religieusement respectés par nous. Autrement, l'ex-roi Charles X figurerait au milieu de ses ministres sur les bancs de l'accusation, et nous aurions à renouveler aujourd'hui les sanglantes procédures de Charles Ier en Angleterre, de Louis XVI en France. Nous avons agi différemment. La personne du Roi est restée inviolable et sacrée au sein du désordre indispensable d'un pareil mouvement; la juste fureur populaire, exaltée encore par le combat, est venue expirer aux pieds du trône, devant la barrière de la constitution; et le Roi, malgré son évidente culpabilité, s'est retiré du territoire qu'il avait ensanglanté, chargé d'exécration, mais sain et sauf, mais à l'abri de tout outrage, même de toute injure. Le Peuple, qu'il venait de mutiler, marchait autour de lui, silencieux et solennel, veillant, par respect pour la foi jurée, à l'observation de ses engagemens envers le parjure, protégeant avec sollicitude, pour son propre honneur, la tête du bourreau.

L'ex-roi n'a donc été ni jugé, ni frappé, comme on veut le dire; la responsabilité reste donc tout entière à ses ministres.

Un autre moyen par lequel on voudrait faire avorter la poursuite contre de coupables ministres est le suivant : L'article 14 de la Charte de 1814, qui donne au Roi le droit de faire des ordonnances pour la sûreté de l'État, a été supprimé dans la nouvelle; c'est une preuve que cet article était vicieux ou équivoque. Vicieux, les ministres sont innocens, la loi seule est coupable; équivoque, les ministres ne sauraient non plus être condamnables, lorsqu'ils ont pu s'égarer par une fausse interprétation de la loi : erreur n'est pas crime.

Serai-je obligé de répéter ici ce que j'ai déjà dit précédemment : jamais ne sera reconnue valable une défense qui prétendrait que la Charte de 1814 renfermait le pouvoir exorbitant d'anéantir la Charte même ; que la transaction de 1814 contenait la faculté pour l'un des contractans de l'annuler au premier caprice. Le dire, c'est reconnaître en même temps la plus abominable perfidie, la déception la plus traîtreusement combinée; c'est révéler d'un seul mot les complots astucieux, les machinations infernales du prétendu Droit divin; c'est étendre le crime le plus noir et le plus punissable ; c'est lui donner une date; c'est en marquer le commencement d'exécution au premier jour de la Restauration; c'est apporter enfin une nouvelle charge contre les complices d'une conspiration aussi

criminelle, contre ses sanguinaires agens. Car, en se faisant les auteurs visibles du dernier attentat contre nos libertés, les ministres ont assumé la responsabilité complète
de toute cette longue trame si persévéramment, si iden-
tiquement suivie, et dont l'attentat en question ne devait
être que le dénouement, dont il fut la catastrophe.

Lors même que l'on pourrait supposer le Peuple français
avoir été assez absurde ou assez abusé pour accepter une pareille stipulation, elle n'en aurait pas moins été nulle comme
illicite, parce qu'elle est contraire à l'ordre social, et parce
qu'elle est en opposition dirimante avec la première et la
plus sainte des lois, source et base de toutes les autres : la
Souveraineté du Peuple. Car, s'il est des conditions essen-
tielles à la validité même des contrats particuliers, à plus
forte raison en est-il dont l'absence invalide les pactes publics.

Ce n'est donc pas parce que l'article 14 de l'ancienne
Charte était équivoque ou vicieux qu'il a été supprimé dans
la Charte nouvelle, puisqu'il ne pouvait être en aucune
manière ni vicieux, ni même équivoque. La duplicité jé-
suitique pouvait seule y trouver une double entente. Cependant, me dira-t-on, on l'a changé. Pourquoi donc alors
ce changement ? Pourquoi ! C'est parce qu'il suffisait que
des méchans y eussent cherché un prétexte, bien que leur
insigne mauvaise foi fût à jour sous ce prétexte, pour qu'on
ne dût pas le laisser subsister. C'est parce qu'en le faisant
disparaître, c'était condamner l'abus qu'on avait essayé
plus encore que prévenir le retour d'un pareil abus ; car
recommencer jamais n'eût pas été chose possible.

Écartons donc d'inutiles subtilités, et reconnaissons,
comme je l'ai démontré dans le chapitre précédent, que,
n'y eût-il aucune Charte qui proclamât la responsabilité
des agens du pouvoir, n'y eût-il aucune loi qui indiquât la

peine à leur faire subir, le Peuple français aurait le droit comme le pouvoir, en vertu de sa souveraineté, de tracer et d'appliquer le châtiment.

Toutefois, il n'est pas nécessaire de recourir à cette haute juridiction, non plus sous le rapport de la loi que sous celui de la compétence, et si la Charte a désigné le tribunal, institué la responsabilité, à défaut par elle ou par des lois complémentaires d'avoir rendu cette responsabilité effective et réelle, notre droit commun offre des pénalités suffisantes et applicables à l'accusation.

Ce dernier mode de pénalité est même pour les accusés un avantage plutôt qu'une rigueur; car la peine doit toujours être en proportion du crime, et si les lois complémentaires de la Charte sous le rapport de la responsabilité eussent été promulguées, les peines contenues dans ces lois eussent dû être proportionnées à l'importance des actes, à la position élevée des agens : *in summâ fortunâ minima licentia est*. Le droit commun dans ce cas est donc nécessairement plus doux que n'eût dû l'être le droit exceptionnel, et, à défaut de droit exceptionnel, les prévenus rentrent, sans qu'ils puissent en reprocher la rigueur, dans les limites du droit commun.

A qui d'ailleurs adresseraient-ils un pareil reproche, si ce n'est à eux-mêmes; puisque d'eux seuls à dépendu de fonder ce droit exceptionnel, que nous l'avons sans cesse provoqué, qu'eux seuls s'y sont incessamment refusés? Si cette jurisprudence eût pu être plus douce, ils n'auraient certes pas manqué de l'établir. Mais, comme elle ne pouvait l'être, ils ont voulu se soustraire à une aggravation de peine; ils se sont flattés même, on ne saurait en douter, d'échapper à toute peine en en repoussant constamment une spéciale. Mais, s'il est vrai qu'ils aient porté jusque là l'illusion, leur volonté, je l'ai développé surabondamment, ne saurait faire notre règle; et, d'après le principe qu'un droit d'exception peut seul déroger au droit général, faute de droit exceptionnel, ils sont restés et ils se trouvent dans le droit commun. Car prétendre qu'on peut par une réticence abolir la peine de l'infraction que l'on se prépare hautement à commettre, c'est prétendre une absurdité; et de la réduction à l'absurde sort aussi une preuve puissante, irréfragable, mathématique.

Concluons donc encore ici que la Nation ayant par une adhésion unanime accepté notre nouvelle réorganisation sociale, si la Chambre des Députés, en se portant accusatrice et en déférant l'accusation à la Chambre des Pairs, s'est conformée à notre droit constitutionnel, et ne pouvait même pas ne pas faire ainsi sans manquer à ses devoirs; si l'on ne peut opposer à ces deux faits aucune exception; elle a également agi d'une manière légale et inattaquable, en invoquant dans l'acte d'accusation les pénalités établies par notre droit commun, et qu'il n'est pas donné de chercher ailleurs des dispositions autres que celles rappelées dans cet acte, pour en faire l'application aux ministres accusés,

Un écrivain qui a quelque titre à la reconnaissance nationale et qui ne saurait être soupçonné, je ne dirai pas d'une connivence coupable, mais même d'une pitié répréhensible pour les agens responsables des Jésuites et du Droit divin, M. le comte de Montlosier s'exprime ainsi dans un écrit récemment publié :

« Si on peut dire que la cause est déjà suffisamment et surabondamment instruite, si le corps de délit a déjà été suffisamment et surabondamment constaté, si les coupables sont reconnus et convaincus, si le tribunal D'ÉTAT, qui a déjà connu de la conspiration, s'est cru compétent pour prononcer non seulement sur le fonds, mais sur plusieurs de ses parties; si nous avons pour exemple un jugement semblable porté en 1815 dans un cas qui présente quelque analogie, la loi qui exile les régicides, on peut croire que, sans autre forme de procès, la Chambre des Députés, appuyée en cela de la Chambre des Pairs, pourrait, par une simple loi d'État, prononcer sur ce point, comme elle a déjà prononcé à d'autres égards.

» Cette considération présente d'autant plus d'importance, qu'elle semble commandée par la pratique même

de notre procédure criminelle. Lorsqu'une affaire portée à
un tribunal, quel qu'il soit, a déjà été saisie au principal,
ce principal appelle à lui tous les accessoires : ils s'y trouvent évoqués de droit.

» Dans l'espèce actuelle, le corps du délit se compose
manifestement du projet d'anéantir nos libertés, par le
renversement de la constitution. Pour arriver à ce but,
comme on voulait fausser la Chambre des Députés, en com-
posant de force une nouvelle loi d'élection, le plan avait
été de commencer à fausser la Chambre des Pairs, en y
portant tout à coup quatre-vingts membres nouveaux. En
vertu d'une loi d'État, les deux Chambres, siégeant en
tribunal, ont su faire justice de ces élémens de conspirations. Elles ont prononcé contre le Roi et sa famille la déchéance du trône ; elles ont prononcé la même déchéance
contre tous les nouveaux pairs, qu'elles ont regardés indi-
rectement comme complices ; enfin elles ont prononcé
contre plusieurs articles même de la Charte, dans lesquels elles ont vu un élément de la conspiration présente,
ou des facilités pour des conspirations à venir. »

Il résume plus loin le but de son écrit en ces mots :

« De même qu'il n'y a pas de doute sur le corps du délit et sur la culpabilité des prévenus, il n'y en a pas davantage sur le caractère du tribunal qui a à prononcer la peine.
Le tribunal qui a déjà prononcé la déchéance du Roi, qui
a ordonné l'élimination des quatre-vingts nouveaux Pairs,
qui a réformé de sa haute et suprême autorité, ou modifié
plusieurs articles de la Charte, ce tribunal est appelé par
suite et tout naturellement à prononcer sur un reste de
complices et de coupables. A leur égard la loi ordinaire et
le tribunal ordinaire, démantelés par les circonstances,

ne leur sont plus applicables. Mais la loi d'État et la puissance d'État restent : c'est à elles à prononcer. »

Je regrette de ne pouvoir citer l'écrit tout entier. Cependant je crois les passages que je transcris ici suffisans pour en faire comprendre complétement la pensée. Cette pensée n'est autre chose sinon un témoignage que, dans une position extraordinaire où la compétence du tribunal et l'applicabilité de la loi semblent au premier aperçu pouvoir être contestées, les meilleurs esprits éprouvent le besoin de remonter à un arbitrage plus élevé, à une juridiction suprême. Cette juridiction, M. de Montlosier croit la trouver dans ce qu'il appelle le tribunal d'État; quant à moi, et beaucoup d'autres sans doute seront de mon avis, je pense qu'elle ne peut se rencontrer ailleurs que dans la Souveraineté nationale. Nous sommes donc, M. de Montlosier et moi, d'accord sur le principe : nous ne différons que par la conséquence. Selon moi, celle déduite dans son remarquable factum n'est pas conforme à notre droit constitutionnel.

Je demanderai en effet ce que c'est que le tribunal d'État; je demanderai par quel article de la Charte ce tribunal est institué, dans quel texte de nos lois il est mentionné. Je voudrai également qu'il soit expliqué ce que l'auteur entend par loi d'État. Car j'ai beau feuilleter et notre Charte et nos Codes, nulle part je ne découvre qu'il soit question d'une loi d'État. Cependant, au-delà des lois positives, écrites, je n'aperçois que la source même d'où découlent les lois, la volonté générale, la Souveraineté du Peuple. Or cette souveraineté peut-elle, dans l'espèce, être suffisamment représentée par ce que M. de Montlosier appelle le tribunal d'État, c'est-à-dire par la Chambre des Députés appuyée de la Chambre des Pairs? Je le conteste,

et je vais dans l'instant en déduire quelques raisons con-
vaincantes.

Je ferai observer auparavant que l'exemple emprunté
pour justifier l'exercice d'une attribution souveraine, à la
loi qui exile les régicides, n'est pas heureusement choisi;
car la Chambre de 1815 était un instrument de la faction
anti-nationale : elle usurpa dans cette circonstance un pouvoir exorbitant, et nous ne devons désirer rien moins
que de voir se renouveler une pareille monstruosité. M. de
Montlosier est obligé pour arriver à sa conclusion, de po-
ser, comme point de départ, cette proposition : « Il faut
observer envers eux (les ministres) la loi tout-à-fait ou s'en
écarter tout-à-fait. » Et moi, j'atteste qu'on ne doit jamais
s'écarter de la loi ni tout-à-fait, ni en partie, à moins de
remonter immédiatement à l'origine de toutes les lois, au
principe qui renferme en future contingence toutes les lois
humaines : la volonté générale.

Il n'est pas juste non plus d'alléguer comme preuve de
l'autorité d'un prétendu tribunal d'État, la déchéance de
l'ancienne dynastie et l'avénement de la nouvelle. Charles X
était renversé du trône, Louis-Philippe Ier y avait été porté
avant qu'aucun tribunal d'État fût intervenu. Le pouvoir
que son élection souvent renouvelée, rapproche le plus
directement en apparence de la source de tous les pouvoirs,
a proclamé ces deux faits; mais il ne les a pas créés; et ses
actes en cette conjoncture extraordinaire ont été purement
et simplement une manifestation de la volonté nationale,
manifestation sanctionnée par les actes de ratification en-
voyés de tous les points de la France, et dans lesquels se
trouvent expressément relatées l'adoption et la confirma-
tion de ces deux faits. La preuve, c'est que, si la Chambre
avait voulu créer ce jour-là un autre ordre de choses, où

défaire le lendemain celui qu'elle venait de proclamer, la Nation aurait cassé la décision, et démenti d'infidèles mandataires.

Les modifications apportées à la Charte ont eu lieu de la même manière. Sur ce point, la Chambre des Députés a si peu devancé la volonté nationale, qu'elle est restée en arrière de cette volonté, et que plus tard l'insuffisante réforme de la Charte effectuée par elle sera certainement complétée.

Mais s'il était nécessaire d'agir exceptionnellement par rapport à des cas exceptionnels, puisque ni les formes à suivre pour changer une dynastie, ni le mode de reviser notre acte fondamental, n'avaient été prévus et ne se trouvaient nulle part ; si, dans l'impossibilité de recourir directement à la Souveraineté nationale, sous peine de prolonger et d'aggraver l'état de confusion où la société se trouvait tout à coup jetée par cet événement inopiné, la chambre a pu prendre sur elle de proclamer la volonté bien évidente de la nation ; il n'en est pas ainsi d'un jugement de ministres que la loi constitutionnelle, refaite par la Chambre des Députés même et agréée par la Nation, déclare responsables, ordonne de traduire devant la Cour des Pairs, et dont tous les actes se trouvent frappés de peines par nos Codes. La Chambre des Députés ne saurait donc ici intervertir l'ordre régulier de choses avoué par elle pour envahir de son autorité privée, sans motif pressant, un attribut de la Souveraineté dont elle n'a pu être revêtue dans la circonstance la plus exigeante et la plus décisive.

Pour qu'elle fût capable de représenter la Souveraineté en cette circonstance, il faudrait qu'une délégation spéciale de cet attribut de la Souveraineté lui eût été faite par la volonté générale ; et cette délégation aurait pu l'être tout aussi bien à la Chambre des Pairs, ou à la Royauté, ou à une assemblée élue *ad hoc.* Or une pareille délégation n'a pas été faite. La Souveraineté ne saurait donc être représentée ni par l'un ni par l'autre de ces pouvoirs, ni par deux d'entre eux combinés sous la dénomination de tribunal d'état ou autre, ni même par tous les trois réunis. Ceci posé, la Chambre des Députés a, et a seule, mandat spécial pour accuser de traîtres ministres et les traduire devant la Chambre des Pairs ; la Chambre des Pairs, constituée en Cour des Pairs, a, et a seule, mandat pour les juger. Ainsi, en résumé, la compétence et la loi sont clairement indiquées par notre droit public et particulier, et c'est perdre son temps que de revendiquer une autre loi et un autre tribunal inconnus à notre législation.

Toutefois, les argumentations que je réfute, toutes fragiles qu'elles sont, du moment qu'elles sont parvenues à fasciner quelques yeux, à séduire quelques esprits ; du moment que les avancent et les soutiennent des hommes d'un talent et d'un caractère justement estimés, ne sont pas sans devoir obtenir quelque considération. Nous venons de juger en effet que l'idée de M. le comte de Montlosier repose sur un sentiment juste. Aussi, tout en suivant exactement les voies tracées par la jurisprudence établie, ne sera-t-il pas sans avantage, dans une cause aussi sérieuse, d'en sanctionner surabondamment les effets, déjà légitimes sans cela, par le concours d'une autorité irrécusable. C'est sur quoi je reviendrai plus loin. Pour le moment je reprends la suite de mon discours.

Le tribunal et la loi définis, il ne nous faut pas une longue recherche pour trouver quelle peine doit être appliquée aux ministres accusés, qui bientôt seront des ministres condamnés.

Les articles du Code pénal, dont l'application est requise dans l'acte d'accusation dressé au nom de la Chambre des Députés, prononcent des peines de trois classes différentes : l'emprisonnement avec interdiction des droits civiques pendant plusieurs années, le bannissement, la mort.

Deux de ces articles se bornent à l'emprisonnement avec interdiction des droits civiques.

Art. 109. « Lorsque, par attroupement, voie de fait ou menaces, on aura empêché un ou plusieurs citoyens d'exercer leurs droits civiques, chacun des coupables sera puni d'un emprisonnement de six mois au moins et de deux ans au plus, et de l'interdiction du droit de voter et d'être éligible pendant cinq ans au moins et dix ans au plus. »

Art. 123. « Tout concert de mesures contraires aux lois, pratiqué, soit par la réunion d'individus ou de corps dépositaires de quelque partie de l'autorité publique, soit par députation ou correspondance entre eux, sera puni d'un emprisonnement de deux mois au moins et de six mois au plus contre chaque coupable, qui pourra, de plus, être condamné à l'interdiction des droits civiques et de tout emploi public pendant dix ans au plus. »

Ces deux articles sont complétés par deux articles subséquens, lesquels énoncent des circonstances qui existent dans la cause et qui modifient la peine, de sorte que les deux premiers que l'on vient de lire se trouvent n'être plus applicables à l'espèce.

Des deux articles complémentaires, l'un prononce le bannissement.

Art. 110. « Si ce crime (relatif aux élections) a été commis par suite d'un plan concerté pour être exécuté, soit dans tout le royaume, soit dans un ou plusieurs départemens, soit dans un ou plusieurs arrondissemens communaux, la peine sera le bannissement. »

Cet article serait évidemment applicable à la cause si de nouvelles circonstances, emportant une peine plus forte, une peine qui exclut toutes les autres, n'en rendaient l'invocation superflue.

Voici maintenant les dispositions qui emportent la peine de mort. L'article modificateur de l'art. 123, qui le précède, est ainsi conçu :

Art. 125. « Dans le cas où ce concert (concert de mesures contraires aux lois) aurait eu pour objet ou résultat un complot attentatoire à la sûreté intérieure de l'état, les coupables seront punis de mort et leurs biens seront confisqués. »

Un article précédent prononce la même peine; en voici le texte :

Art. 91. « L'attentat ou le complot, dont le but sera, soit d'exciter la guerre civile en armant ou en portant les citoyens ou habitans à s'armer les uns contre les autres,

» Soit de porter la dévastation, le massacre ou le pillage dans une ou plusieurs communes,

» Seront punis de la peine de mort, et les biens des coupables seront confisqués. »

Or il est bien avéré que les anciens ministres se sont rendus coupables

1° D'un attentat dont le but était et le résultat a été d'exciter la guerre civile en armant et portant à s'armer une partie de la Nation contre la Nation même, de porter la dévastation, le massacre et le pillage au milieu d'une population de près d'un million d'habitans, au sein de la capitale même de la France ;

2° D'un concert de mesures contraires aux lois, ayant pour objet un complot attentatoire à la sûreté intérieure de l'état, car ils se sont faits les complices et les chefs visibles du complot le plus attentatoire à la sûreté intérieure de l'état, celui qui avait pour but d'anéantir l'exercice des droits de la Souveraineté nationale en France au profit des prérogatives usurpatrices du prétendu Droit divin.

L'évidence rend donc ici la conclusion facile, et, à moins d'une forfaiture et d'une trahison que l'on ne saurait supposer de la part du tribunal qui doit, en présence du monde, constater le crime et prononcer l'arrêt, les ministres accusés, je l'annonce avec assurance, seront condamnés à la mort. La condamnation est forcée comme l'accusation ; et aucune puissance ne saurait soustraire les coupables à l'arrêt qu'ils ont encouru.

Quant à la confiscation, elle est abolie par la Charte ; mais l'énormité des frais du procès suffira pour absorber les biens des condamnés.

Me voici donc revenu à ma question primitive : j'en rappellerai d'abord l'énoncé.

« Une nécessité terrible, ai-je dit en commençant, semble nous être imposée par la sainteté de la vindicte publique ; et cependant, si l'accomplissement de cette nécessité doit avoir pour le pays des conséquences funestes, comment y échapper sans porter atteinte aux droits de la justice, sans causer une déplorable perturbation dans notre organisation sociale ? »

Cette question, on le voit, nous offre encore une double difficulté à résoudre : la convenance et la possibilité. Occupons-nous d'abord de la convenance.

La première de toutes les convenances est que les ministres accusés soient condamnés à mort. Il n'en saurait être différemment, je crois l'avoir suffisamment démontré. L'ordre social réclame cette expiation du passé, comme gage de l'avenir.

Mais est-il aussi indispensable à la plénitude de ce grand acte de justice que la sentence soit mise strictement à exécution ? Devons-nous nous en tenir inflexiblement à la disposition la plus prochaine de la loi ? Ne courons-nous pas le risque, en dépassant le but, de nuire à notre cause sacrée? Le bannissement ou l'emprisonnement perpétuel, la ruine, la flétrissure publique, la rémission du sang par la magnanimité nationale, ne composeront-ils pas une peine suffisante et plus efficace pour l'exemple des contemporains et de la postérité, pour l'effroi des mauvais ministres, pour le salut des peuples, pour la gloire de la Nation française, pour l'admiration de l'univers? Le cri spontané qui s'est élevé de la conscience de tous les hommes généreux, de tous les bons citoyens, m'a déjà répondu : Nous voulons justice, nous ne voulons pas vengeance. Or, là où cesse l'exigence de la nécessité, là aussi s'arrêtent les droits de la justice.

J'ai assez fortement motivé, dans les lignes qui précèdent, ma manière d'envisager ces solennelles questions, pour que personne ne soit tenté de la travestir en me supposant un sentiment de pitié personnelle pour les prévenus. Non, je n'éprouve aucune pitié pour ces hommes criminels; les seuls sentimens qu'ils puissent m'inspirer, c'est l'horreur, c'est l'étonnement et en même temps l'affliction profonde que le ciel ait permis qu'il naquît parmi les hommes de pareils monstres !... Mais, quelles que soient les impressions à cet égard, quelque puissamment qu'elles excluent toute compassion pour les coupables, elles ne sauraient éteindre une sensibilité mieux dirigée, qui a pour objet la patrie et l'humanité tout entière, dont les intérêts les plus chers peuvent se trouver compromis dans cette cause funeste. Ce sont ces intérêts que je veux invoquer ici : je ne le ferai pas infructueusement.

Si la civilisation, dans sa marche bienfaisante, n'avait pas un trop grand intervalle à franchir encore pour nous ramener sans gradation aux véritables bases du Contrat social, j'invoquerais en ce moment les plus simples notions de la loi naturelle , et je dirais : le Créateur ne nous a pas donné le droit de détruire son ouvrage de propos délibéré, en dehors d'une obligation de défense actuelle. Ne soyons donc pas volontairement et de sang froid les meurtriers de nos semblables ; ne concourons pas à la destruction de la plus belle créature de Dieu.

Mais puisque les sociétés , en laissant violer les saintes lois du Contrat social, se sont mises dans la nécessité de recourir à la violation des lois non moins saintes de l'humanité , puisque les hommes ont consacré l'homicide , cherchons nos argumens dans un autre ordre d'intérêts ; considérons la conservation de cette partie des priviléges de notre nature qui ne nous ont pas été ravis , ou plutôt dans lesquels nous sommes rentrés au prix de tant d'efforts et de sacrifices ; la sécurité de nos progrès nouveaux vers la restitution complète de nos droits originaires.

La lutte n'est pas finie. Nous sommes vainqueurs, il est vrai ; mais nos pères aussi n'avaient-ils pas vaincu déjà il y a quarante ans ? Et cependant combien de périls n'a pas courus depuis la liberté ? N'est-ce pas par de longues années , par notre existence presque tout entière d'esclavage, de souffrance et d'ignominie , que nous avons vu remplacer son règne de si courte durée ? N'est-ce pas par des torrens de sang que nous avons été, il y a quelque jours à peine , obligés de la racheter une seconde fois ? Soyons donc sages , si nous ne voulons pas la reperdre encore.

L'échafaud aussi sur lequel on traîna Louis XVI a paru juste, parce qu'il avait renoncé lui-même à la sauvegarde que lui assurait la constitution dans la responsabilité des ministres ; et pourtant quel texte inépuisable d'accusation contre la France sa mort n'a-t-elle pas fourni ? Quelle spécieuse occasion n'a-t-elle pas livrée aux rois d'exciter contre nous les peuples de l'Europe ? De quelles calomnies n'a-t-elle pas été le sujet contre notre fructueuse régénération de 1789 ? Pour combien ce sanglant spectacle a-t-il servi à en retarder, à en compromettre les heureux résultats ? Et qui peut dire jusqu'à quel point le souvenir redoutable de ce supplice, dont il avait été témoin au milieu des exécutions sans nombre de la Terreur, a concouru à détourner Napoléon, ce glorieux auteur de tant de maux, des voies de la liberté pour le pousser dans la déplorable carrière du despotisme ? Français ! ne dressons plus d'échafauds, c'est le moyen le plus sûr de rendre les conquêtes de la liberté impérissables.

Ils le savent bien ceux qui nous envient ces conquêtes, et sont incessamment prêts à nous les disputer, parce qu'elles anéantissent les abus dont ils s'engraissaient à nos dépens. Ils savent bien que nous engager de nouveau dans les voies sanglantes où ils étaient naguère parvenus à entraîner la Nation, est le moyen le plus assuré pour nous les arracher. Mais alors on ne soupçonnait pas les véritables instigateurs de tant d'excès ; on les a reconnus trop tard. Sachons aujourd'hui les démasquer d'avance et les prévenir. Ils se parent de sentimens vrais ; ils se couvrent de travestissemens capables d'inspirer la confiance ; ils ont l'art d'avoir recours aux motifs les plus purs, aux dehors les plus décevans ; mais ils n'en sont pas moins faciles à signaler ; toujours les mêmes moyens, les mêmes fraudes, et jusqu'aux mêmes actes. Déjà, comme au début de l'autre révolution, ils ont recommencé fait pour fait *une journée des poignards.* Comme alors, ils ont échoué ; mais, comme alors, ils ne se tiendront pas pour battus, ils ne se lasseront jamais. Quel était leur but dans cette première tentative renouvelée ? Ils ne pouvaient se flatter de renverser sitôt un gouvernement populaire; mais ils espéraient prévenir un arrêt qui les frappera plus que les condamnés mêmes. Quelques personnes simples ont cru qu'à la faveur du mouvement, ils se proposaient de faire évader les prisonniers. Erreur grossière! Que leur importe quatre hommes dont la vie leur est désormais inutile, dont la mort seule peut les servir? Pour eux ce ne sont plus que des victimes dévouées. Ils les eussent égorgés de leurs propres mains afin d'avoir un massacre au lieu d'un jugement; afin d'en accuser encore la Nation française. Déjoués, il leur reste à exagérer autant que possible les rigueurs de la vengeance publique, à pousser à la mort, à crier à l'exécution. Une justice d'un effet d'autant plus grand qu'elle sera modérée n'est pas du tout de leur aveu; elle déconcertait leur attente. Ne soyons donc point leurs dupes une seconde fois. Veuillons précisément ce qu'ils ne veulent pas : la condamnation et la non-exécution. N'allons pas dire : les temps sont bien changés! le Peuple maintenant est éclairé et sage! Que quelques mois encore s'écoulent pour savoir jusqu'à quel point en réalité les temps ne sont plus les mêmes; et si le Peuple est vraiment sage et éclairé, qu'il le prouve en profitant des leçons sévères de la fin du siècle dernier. On ne manqua pas non plus d'abord, en ces jours de deuil, de bonnes raisons pour demander des exécutions juridiques; mais c'étaient nos ennemis qui les appelaient à grands cris. Leur voix forcenée profère les mêmes vœux aujourd'hui parce qu'ils sont impatiens d'en tirer le même parti qu'alors. Serons-nous aussi aveugles que nous le fûmes? Eh! ne le voyons-nous pas, la contre-révolution est encore à nos portes; que dis-je! elle est en dedans de nos murs; elle se roule, rugit, et siffle au milieu de nous; elle dresse ses têtes d'hydre sur le sein de la patrie; elle n'attend qu'un signal pour le déchirer... et nous penserions à relever les échafauds!

De combien de circonspection, de combien de mansuétude, n'avons-nous pas besoin de nous fortifier au contraire ? Tout ce qui est légitime n'est pas licite dans de pareils momens; la prudence défend d'user de toute la latitude de la loi. Que la condamnation soit prononcée, il suffit au déploiement de notre énergie; mais que l'exécution n'ait pas lieu, nous n'en paraîtrons que plus forts, plus redoutables, plus dignes; nos actes en seront moins commodément travestis; nos intentions moins aisément méconnues; les peuples apprécieront mieux nos procédés, estimeront davantage notre caractère. On ne doit pas s'y méprendre, en effet; la plupart des peuples, non pas seulement en Europe, mais en France, ne sont point assez instruits pour discerner bien nettement les véritables conditions de leur bien-être, pour ne pas perdre, à la moindre distraction, les traces de la liberté. Un despotisme pesant et maladroit les révolte; mais une tyrannie astucieuse, légère, brillante, les rendort aisément. Impétueux et terribles dans leur colère, ils sont non moins prompts à s'apaiser et enclins à reprendre aussitôt le même joug, que, d'une main caressante et d'une voix flatteuse, leur apportent les mêmes hommes avec des visages nouveaux. Aisément leur fait-on accroire qu'on les conduit à la liberté quand on leur fait suivre une route tout opposée; aisément même leur persuade-t-on qu'ils ont trop de liberté, que l'excès en est à craindre pour leur repos; qu'afin d'en empêcher l'abus, d'écarter la licence, de refouler l'anarchie, il est bien nécessaire, bien urgent, dans leur propre intérêt, de leur en retirer quelque peu; aisément enfin par des peintures falsifiées de l'inflammabilité, des explosions,

des ravages de la démocratie , les attendrit , ou les épouvante-t-on, leur fait-on peur d'eux-mêmes. Depuis notre régénération , si récente encore , n'avons-nous pas vu déjà
percer sans cesse la tendance à rejouer cette éternelle
comédie politique , dont tout l'art consiste dans une exposition bien feinte , une action bien déguisée, une péripétie bien imprévue ; et en vérité, avec un peu d'adresse,
combien faudrait-il de sessions législatives pour nous reprendre pièce à pièce tous les bénéfices de notre victoire,
si la sincérité , les lumières et la vertu assises sur le trône
n'étaient pas secondées par la modération et la sagesse
unies à la fermeté et à la persévérance de la part de la
Nation. Que les intelligences supérieures et clairvoyantes
luttent dès le principe contre cette facilité à se laisser fourvoyer ; qu'elles travaillent sans relâche à déceler les stratagèmes de nos ennemis , à faire échouer leurs artifices les
plus habiles. Ils trouveront toujours assez d'alliés , même
parmi nous ; ils sauront toujours assez nous frapper avec
nos propres bras. Méfions-nous de notre faiblesse : le cœur
de l'homme est si incompréhensible ! A son propre insu ,
plusieurs cordes y vibrent en même temps ; les tons les plus
opposés s'y succèdent par une progression imperceptible ;
les sentimens les plus contradictoires y naissent et s'y éteignent tour-à-tour insensiblement. L'indignation et le courroux qui nous animent maintenant contre les ministres
dont on réclame la décapitation n'auront pas plus tôt perdu
leur objet qu'ils seront oubliés ; il n'y aura chez nous de
mémoire que pour la pitié. Nous , nous-mêmes , nous tous,
à quelques exceptions à peine , nous éprouverons uniquement cette sympathie étroite qui perd de vue les coupables
et n'aperçoit que des victimes.

A ce sentiment aveugle se joindra la superstition plus

aveugle encore; car on ne manquera pas de nouveau de crier au martyre. N'oublions pas que nos acharnés adversaires appellent divin leur droit prétendu. Rappelons-nous le nombre par toute la terre de leurs fauteurs intéressés, parce qu'ils vivent de leur doctrine. Et si nous les armons nous-mêmes de la puissance des émotions, si nous leur apportons l'appui du martyre, bientôt peut-être auronsnous à dénombrer dans leurs rangs une multitude de sectateurs fanatisés. Par la mort, nous rattacherions nos assassins à la milice sacrée, nous en ferions des héros politiques, des suppliciés religieux; l'échafaud pour eux serait une apothéose de légende. Isolons-les au contraire; et, par une indulgence calculée, livrons-les au supplice, pour eux plus insupportable mille fois, de la vie.

Voulons-nous en effet apprécier l'intensité du châtiment, et prendre pour règle la nécessité d'en mesurer l'étendue sur celle du crime? Dans ce cas, la peine de mort est tout-à-fait insuffisante. Pour trouver une punition qui fût digne du forfait, il nous faudrait remonter le cours des âges, fouiller les siècles les plus barbares, interroger les peuples les plus cruels, et nous voir réduits encore à inventer nous-mêmes une combinaison d'un tel raffinement qu'elle réunît en un seul supplice les dix mille morts qui ont été lancées sur nous, avec leurs dix mille douleurs, leurs dix mille agonies différentes; car telle est l'exigence du Talion. Mais, par contre-temps, nos lois s'opposent à une pareille justice; nos lois ne nous permettent que d'abattre la tête; elles veulent que ce soit fait le plus promptement possible. Or la transition est bien courte, bien rapidement franchie; la souffrance bien peu prolongée, lors même qu'elle ne serait pas émoussée par l'exaltation, ou engourdie par la lâcheté. Et cependant la proportion de la peine est indispensable à son efficacité. Soit donc ; je le veux ; et c'est moi qui vais vous proposer le seul moyen d'y parvenir. Mais je ne chercherai pas dans l'ordre physique pour trouver un pareil supplice : l'ordre physique est trop borné. L'ordre moral seul peut nous l'offrir, parce que l'ordre moral est illimité ; et une main plus forte que celle d'un bourreau, une main indéfiniment vengeresse se chargera de l'exécution du jugement. A tant d'inquiétudes éprouvées déjà sur le sort qui leur est réservé, à tant d'alternatives d'espérances et de craintes, à cette torture de l'incertitude plus affreuse que la plus affreuse réalité, à ces tourmens auxquels la mort viendrait trop tôt mettre un terme, ajoutons des tourmens nouveaux : que les souvenirs amers, que les stériles regrets, que les remords, car la belle image des Euménides est vieille comme le monde, et a pour fondement une éternelle vérité, que les remords dévorans s'attachent à leur proie ; et que le déshonneur de leur vie passée, l'opprobre de leurs jours à venir ; que l'abattement et les reproches, muets peut-être mais poignans, mais perpétuels, de leurs familles, de leurs fils, rougissant d'être issus de tels pères ; que la poursuite incessante de ces vengeances, tardives mais inévitables, dont ils ont éprouvé déjà la réalité ; que la honte, le repentir, la terreur commencent pour eux un désespoir sans fin... Ah ! sans doute, si on leur laissait le choix de leur punition, ce n'est pas la mort qu'ils repousseraient.

Mais lorsque nous voulons une satisfaction égale à l'offense, ce n'est pas le désir de frapper personnellement les coupables qui nous anime. Loin de nous un sentiment de vengeance. Qu'on le cherche si l'on veut parmi les peuples sauvages, auprès des Cannibales ; il ne saurait exister chez une Nation qui marche à la tête de la civilisation du dix-neuvième siècle, dans un pays qui s'enorgueillit d'être le centre de la politesse, de la douceur, de l'humanité du monde entier, où les habitans ont livré récemment à l'histoire des traits si ravissans de générosité. Oui, nous sommes bien de notre siècle. Dans le châtiment d'anciens ministres, nous n'envisageons que l'exemple des ministres futurs, que le besoin de faire un haut exemple qui ne soit pas sans fruit pour l'instruction des hommes chargés à l'avenir de régir les intérêts de leurs concitoyens. Or ce ne sont pas les premiers ministres qui soient atteints du glaive national. Pourquoi donc ceux-ci n'ont-ils pas été effrayés par le sort de leurs devanciers? C'est que les exécutions politiques les plus justes portent toujours avec elles quelque chose qui touche et qui intéresse en faveur des exécutés; c'est que le point important, en des cas pareils, est la condamnation, et que la mise à mort n'en est qu'un superflu et dangereux accessoire. Ceux-ci aussi n'ignoraient pas qu'ils allaient encourir le supplice; ils n'en ont pas été arrêtés : d'autres ne le seront pas davantage. Mais s'il se trouve des hommes assez hardis pour affronter l'échafaud, et pour se faire une sorte de gloire fanatique d'y monter, il n'en est pas qui bravent ouvertement le mépris et l'infamie.

Essayons une fois d'une justice plus large. Une pareille expérience vaut bien la peine d'être tentée, lorsque l'insuffisance du moyen usité jusqu'ici nous est révélée par les faits mêmes que nous avons à punir. Nous trouverons en outre dans cette méthode nouvelle un avantage qui n'est pas inutile au succès de la vindicte publique. Car si nous adoptons, par exemple, le bannissement avec la perte des biens, les accusés contumaces eux-mêmes ne pourront se féliciter d'avoir trouvé l'impunité dans la fuite, de s'être soustraits aux coups de la loi, d'échapper aux atteintes de la flétrissure nationale et de la réprobation universelle. Ainsi, nous ferons une chose juste et profitable en même temps qu'une bonne action; et une bonne action porte toujours bonheur aux peuples comme aux particuliers. Si toutefois quelqu'un de nous hésitait encore, en pensant que de dignes citoyens, quoique en petit nombre, ont soutenu avec conviction l'application de la peine de mort, précisément en matière politique, afin de rendre l'exemple efficace, et impossible le recommencement; s'il n'était point entièrement convaincu par les raisons qui précèdent et qui établissent un moyen plus sûr, moins dangereux et moins inhumain d'atteindre le même but; s'il balançait encore entre les deux systèmes, qu'il se rappelle que, lorsqu'il y a partage, l'indulgence doit l'emporter; que, dans tous les cas douteux, un homme sage s'abstient, un tribunal absout.

Les apologistes de la peine de mort pour faits politiques insistent principalement sur le besoin de mettre, en les faisant périr, les ministres coupables hors d'état de nous nuire désormais. Nous nuire!... Et qu'avons-nous à redouter d'eux vivans, bon Dieu! Que peuvent contre nous quatre hommes de plus dans leur parti, quatre hommes dont leur parti a jugé l'incapacité, maudit l'ineptie; quatre hommes que notre absolution rendra plus nuls encore en même temps que plus odieux! Ils avaient déjà commis des crimes, ourdi des conspirations; c'est le pardon qui déjà les a mis à même d'en ourdir d'autres, d'en commettre de nouveaux. D'accord; mais ces précédens même, au lieu de leur donner de la force contre nous, n'ont-ils pas rendu leur faiblesse encore plus grande? Ne nous en sommes-nous pas servis avec avantage pour les attaquer, pour leur lier les bras, pour les abattre? Leur indignité si bien connue n'a-t-elle pas fait notre unanimité ? Pourtant leurs crimes antérieurs, n'étaient que des essais, des tentatives isolées, des faits enveloppés de quelque incertitude qui pouvait donner un certain poids à leurs dénégations, d'une obscurité assez grande pour qu'ils pussent s'imaginer que leur participation y avait été inaperçue. Mais un attentat aussi éclatant, aussi avéré que celui qui les condamne aujourd'hui, n'est pas de nature à être recommencé. Il serait, je l'avoue, un moyen plus efficace encore pour prévenir une récidive nouvelle : les morts ne reviennent pas. Mais, voyons, combien en tuerez-vous ? Quatre, tout au plus sept. En vérité, c'est trop peu. Eh bien donc ! remettons la guillotine en permanence ; exterminons jusqu'au dernier tous ceux qui ont pris part à la conspiration., ou qui seront soupçonnés d'y pouvoir prendre part ; redécrétons des Hors-la-loi, refaisons des Suspects, proscrivons en masse ; et alors nous nous vanterons, à bon droit, d'être conséquens avec notre début. Mais, prenons garde ! Des mois d'exécutions ne suffiront pas ; et lorsque nous serons las d'abattre des têtes, il se trouvera encore des parens et des amis pour revenir venger la mort de leurs amis et de leurs parens, des frères pour nous faire expier le sang d'un frère, par des invasions, par des catégories, par des rigueurs salutaires. La terre arrosée du sang des proscrits est féconde en proscripteurs. Ah ! bien plutôt, croyez-moi, ne nous engageons pas dans cette longue série d'atrocités. Dédaignons d'ôter la vie à ces quatre hommes ; leur vie nous sera moins redoutable que ne le serait leur mort ; et s'ils ont le triste courage de la supporter, au milieu de tant de honte, je ne sais qui pourrait avoir celui de la leur envier !

Renonçons donc à la peine de mort. Elle serait juste

en cette ciconstance , devant les lois humaines du moins ; mais elle serait inutile , elle serait plus encore ; elle serait funeste ; car, vivans, les quatres condamnés ne pourront nous causer de mal ; morts , ils nous en feraient beaucoup; car, sans échafaud , la peine sera d'une rigueur plus grande , d'une nature plus effrayante , d'une autorité plus forte , d'un exemple plus durable ; car enfin , et c'est là la grande vue qui doit dominer de haut toutes les autres considérations et les réduire à des proportions telles qu'elles disparaissent en quelque sorte à nos yeux , il s'agit de ne pas aventurer ce que nous avons conquis de liberté , mais de l'affermir et de lui assurer toute la latitude légitime. Nous en possédons plus que nous n'en avions jamais eu auparavant , il est vrai. Le principe de la souveraineté du Peuple est enfin avoué , reconnu , professé par notre gouvernement. Une dynastie de bonne foi nous garantit que les conséquences naturelles en seront développées sans réserve. Mais on s'efforcera de tromper notre Roi comme nous-mêmes , comme nos mandataires électifs. Plusieurs déjà ont cédé à des sophismes adroits , à des terreurs paniques plus habilement exploitées encore. Ils croient et disent que nous avons assez de liberté , trop même ; ils sont disposés à nous en laisser le moins possible. Désabusons-les. N'oublions pas combien a servi notre cause la conduite des habitans de Paris dans les vertueuses journées des barricades. Ne la démentons pas aujourd'hui , continuons à être magnanimes , et lorsque d'éloquens tribuns viendront , au nom du Peuple , réclamer de la liberté , on n'aura point à leur opposer l'emploi qu'il en fait , on n'aura pas même un prétexte de refus envers une Nation qui sait en user avec tant de retenue et de raison.

Mais si l'intérêt nous commande , la gloire nous invite

d'une voix non moins pressante. Portons en effet notre pensée sur les peuples qui nous environnent au loin sur la surface du globe, non pour nous en intimider, non pour les braver, ce sont deux impressions également indignes de nous en cette grande circonstance; mais pour les embrasser tous dans un sentiment commun de bienveillance, de sollicitude, de sympathie, d'amour fraternel. Notre cause est la leur, et la fortune nous a confié la glorieuse tâche de la soutenir les premiers. De tous les points des empires divers, nos frères ont les regards tournés vers nous dans l'attente et dans l'espoir que nous soutiendrons dignement le rang que nous avons pris à leur tête. Donnerons-nous à nos détracteurs un prétexte pour leur dire : «Le voilà bien ce Peuple français qui ne craint pas de se proposer à vous comme le modèle et l'archétype. Il renierait en vain son histoire; le voilà tel qu'il fut dans les temps les plus reculés : toujours léger, toujours frivole, se jouant avec les supplices à défaut d'autres hochets. Ce peuple enfant a besoin sans cesse d'émotions, non de ces émotions pures qui agitent doucement l'ame; mais de ces émotions frénétiques qui la remplissent de trouble et de vertige. Ses autels à la liberté ruissellent aujourd'hui de sang comme autrefois les pierres druidiques. Il passe alternativement de l'anarchie à la conquête, et de l'ambition à la terreur. Il lui faut des spectacles de cadavres sur les champs de bataille ou sur les places publiques. Voyez! à peine rendu à lui-même, il aiguise la hache. Hâtons-nous donc de le prévenir, de l'enchaîner comme une bête furieuse; car lorsqu'il sera las de se déchirer lui-même, il assouvira sa rage sur ses voisins. »

Un tel langage vous blesse sans doute par son injustice révoltante. Vous êtes, en effet, le peuple le plus civilisé, le plus humain, le plus généreux de la terre. Les immortelles journées de juillet en feraient foi si vous aviez besoin de leur témoignage. Comment cependant empêcher qu'il se trouve des langues venimeuses autorisées à le proférer, des oreilles jalouses empressées à le recueillir; comment imposer silence même à la calomnie? Comment! O mes concitoyens, en donnant aux nations un exemple qui toujours se concilia leurs applaudissemens, en vous vengeant de débiles ennemis par le seul sentiment qui soit digne de vous, la clémence. La clémence est la vertu qu'encensent les hommes et que célèbre l'histoire. La clémence est le Léthé des proscriptions; elle efface les taches de sang. La clémence est une vertu si magnanime, qu'elle peut cimenter jusqu'à l'usurpation : c'est elle qui donna l'empire du monde à Auguste. Serons-nous moins habiles et moins généreux que nos oppresseurs; car la clémence aussi, et la clémence seule, peut assurer le triomphe à la cause des peuples et l'empire de l'univers à la liberté.

Honneur donc, honneur immortel au peuple qui le premier renoncera aux exécutions politiques ! ce peuple généreux sera le bienfaiteur du genre humain.

C'est pourquoi, ô mes concitoyens, ne méprisez pas le vœu de l'un des amis les plus ardens de vos droits, de l'un des hommes les plus dévoués à notre sainte cause populaire. Lorsque l'inflexible justice aura prononcé l'arrêt fatal, que la Nation française, dans l'unanimité de sa volonté, apparaisse comme un seul homme, et qu'elle s'adresse aux coupables, et qu'elle leur dise : « Je vous fais grâce de la mort, ou plutôt je vous condamne à vivre. Retirez-vous; fuyez loin de moi; que votre présence, que votre souffle impur ne souillent plus l'air que je respire. Fuyez au fond de quelque désert sauvage; les tigres que vous y rencontrerez sont moins féroces que vous. Ou, si vous pouvez encore soutenir l'aspect des hommes, allez errer au travers des peuples étrangers. Là, vous attesterez et la justice et la grandeur du Peuple français; là, partout où vous arriverez, les habitans vous montreront avec effroi, et s'écrieront : Voici ces hommes atroces qui ont su se rendre à la fois coupables de dix mille assassinats. Leurs mains en sont encore dégoûtantes. Il eût fallu rassembler autour d'eux tout le sang qu'ils ont répandu, et leur tête en eût été dépassée, et leurs lèvres eussent pu à satiété étancher leur soif impie. Ce sont nos ennemis. Mais il n'est pas permis de les tuer. Le Peuple français veut qu'ils vivent. Evitons-les ainsi que des êtres contagieux, mais ne leur faisons point de mal; laissons-leur l'existence. Qu'ils restent au milieu des hommes, comme une leçon mémorable pour ceux qui seraient tentés à l'avenir de nous opprimer; comme un monument expressif du soin que les peuples doivent apporter à veiller sur leur liberté ! »

La sentence est prononcée... c'est une sentence de mort... elle est légale... elle est juste... Cependant il importe à la chose publique qu'elle ne soit pas exécutée dans toutes ses dispositions. Par quelle voie légitime nous sera-t-il permis d'y apporter les modifications nécessaires? Tel est le dernier problème à résoudre.

Notre constitution tient bien en réserve la faculté de commuer les peines, de gracier même les coupables. Mais cette faculté n'a été établie que pour les cas où la justice se trouve en opposition avec l'équité; où l'inflexibilité de la loi a frappé un innocent auquel la nature irrévocable de la chose jugée refuse une réparation; où le châtiment légal est hors de proportion avec la faute; où des circonstances atténuantes réclament une atténuation dans la peine; où le sincère repentir autorise l'indulgence envers un membre égaré de la société, qui veut y rentrer sous de meilleurs auspices; où le coupable enfin a suffisamment satisfait à la communauté outragée. Mais ici, le crime n'est pas contestable, le supplice est bien mérité... il est trop doux peut-être!

Cependant, à raison de l'intérêt public, en considération de la dignité nationale, le Roi ne peut-il pas faire grâce, fût-ce au plus criminel des hommes? Sans doute, dans tous les cas ordinaires. Mais la Royauté, même renaissante de la volonté populaire, a-t-elle le droit de s'immiscer dans le jugement des ministres de la Royauté, même déchue? Certainement non. Le droit de grâce est un attribut de la Puissance souveraine délégué à la Royauté, mais dont la Royauté ne saurait faire usage lorsque la Puissance souveraine est directement intéressée. A ce principe général ajouterai-je des considérations particulières? Notre Dynastie actuelle est entièrement étrangère à tout ce qui concerne un crime dont elle n'est pas même contemporaine. Se rendrait-elle arbitre d'une difficulté où des opinions différentes se fondent sur des raisons qui peuvent paraître également plausibles? Non, qu'elle ne compromette pas dans une question douteuse le seul de nos pouvoirs jusqu'ici réellement populaire, à raison de la personne. Elle ne saurait faire de ceci une affaire de courage personnel; elle ne s'appartient pas; elle appartient à la Nation; et elle ne doit se prononcer que lorsque la Nation se sera prononcée elle-même, d'une manière bien nette et bien positive. Jusque-là qu'elle reste neutre dans ce grand débat. Comme Jupiter, du haut de l'Olympe, que le Roi des Français se contente de tenir la balance impartiale des lois. Au-dessus de lui aussi est une puissance dont les décisions, fussent-elles aveugles comme celles du Destin, n'en sont pas moins un arrêt absolu.

Aussi l'opinion publique ne s'y trompe-t-elle pas! aussi tous les esprits s'accordent-ils à reconnaître l'heureuse incapacité de la Royauté dans cette circonstance! aussi une clameur d'indignation a-t-elle jailli de tous les points de la France, lorsqu'un zèle inopportun et imprudent a reporté sur une tête auguste la responsabilité d'une mesure

qu'on avait vu soulever avec effroi, parce qu'elle tranchait
arbitrairement, et sans le concours de la volonté nationale,
un nœud gordien qu'il n'appartient de rompre qu'à la volonté nationale.

Cet acte de la Chambre des Députés, en effet, était à la fois
un hommage et une atteinte à la souveraineté de la Nation,
bien involontaires sans doute l'un et l'autre, car on ne
paraît pas avoir plus compris l'un que l'autre. C'était un
hommage, en ce que l'on reconnaissait par là la nécessité
de recourir à la puissance populaire pour une réforme de
jugement pour laquelle étaient inhabiles tous les pouvoirs
de l'État; et voilà sans doute ce qui a trompé des hommes
aussi bons citoyens que vrais philantropes, qui ont mis
en avant ou appuyé la proposition. C'était une atteinte,
en ce que la Chambre des Députés, malgré ses pouvoirs plus souvent puisés à la source de tous les pouvoirs, ne représente pas plus à elle seule la volonté générale, que ne le font la Royauté ou la Chambre des
Pairs, prises isolément. Et même, je l'ai déjà dit, la
Chambre des Députés, celle des Pairs et la Royauté ont
bien le droit de représenter, par leurs concours, la volonté
générale, pour la confection des lois, pour l'établissement
des charges publiques en argent et en hommes, pour l'a-
doption de toutes les autres mesures indispensables à la
marche du gouvernement; mais dans les cas extraordi-
naires où la Souveraineté nationale est directement intéressée, comme dans celui-ci, ou, pour prendre un exemple plus frappant encore et que notre histoire récente autorise, celui où la Nation répudie une dynastie pour en
épouser une autre; dans des cas pareils, les pouvoirs de la
Royauté et des deux Chambres s'arrêtent et sont limités
de droit. La nécessité peut créer alors une dictature con-

stitutionnelle passagère, qui trouve quelque autorité
dans sa conformité au vœu notoire de la Nation, mais
dont les actes ont besoin d'être expressément légitimés
par l'adhésion positive de la Nation. C'est là le mot de plus
d'une énigme apportée depuis quelques semaines par les
événemens qui se succèdent au milieu de nous. Car si la
dictature veut se perpétuer, et si, ce qui est immanquable
dans ce cas, elle vient à substituer ses vues particulières
au vœu de la Nation, il en résulte pour le gouvernement
une allure fausse et gênée qui tient à l'incomplète organisation du gouvernement même dans nos sociétés. Et que
serait-ce si la dictature se trompait dès le principe sur la
nature de la crise et sur le remède à appliquer au mal, ou,
pour tout dire en un seul mot, sur la volonté nationale !
Il serait donc plus régulier et plus convenable, plus légitime et plus sûr, qu'il y eût une marche tracée, au moyen
de la quelle la Nation pût combiner et manifester sa volonté dans des circonstances données. Ce serait le moyen
d'éviter le recours à la force. L'absence de ce moyen est
une lacune dans nos législations modernes, et que le temps
seul peut-être y introduira. Toutefois, si c'est en ne préci-
pitant rien, c'est aussi en suivant avec persévérance une
progression lente mais continue, que l'on arrive à des
fruits de sagesse et de prospérité.

L'usurpation par la Chambre des Députés, dans une circonstance aussi délicate, d'un pouvoir qui ne lui appartenait pas, a produit à juste titre une vive exaspération, et
est venue s'ajouter, d'une manière fâcheuse et grave, à la
suspicion déjà trop entretenue sur l'impartialité de la Cour
des Pairs. On a perdu de vue que la proposition avait été faite
et soutenue principalement par de sincères amis du Peuple,
par des gardiens fidèles de sa gloire et de ses intérêts véri-

tables, pour n'appercevoir que les soupçons qui planaient aussi sur cette Chambre. On s'est trop rappelé que la popu larité était contestée à une grande partie de ses élémens; que nombre de ses membres s'étaient prononcés trop ouverte- ment pour un état de choses réprouvé par la Nation, ou n'avaient paru prêter qu'avec une répugnance trop visible leur serment au nouvel ordre que la Nation venait d'adop- ter; que, malgré tant de motifs de réprobation, cette Chambre s'arrogeait tout le mérite de notre délivrance et de notre salut; et cela dans le but bien évident de retenir le pouvoir; qu'on n'avait pas craint même de proférer dans son sein, aux applaudissemens presque unanimes de l'as- semblée, qu'eux seuls avaient tout fait, et qu'ils devaient se maintenir députés, en vertu d'abord d'une grossière bévue historique [1], puis en raison d'une fausseté, sa- voir : qu'ils avaient opéré le contrat entre le Peuple fran- çais et son nouveau Roi, que, par conséquent, renoncer à leur mandat serait *annuler* le contrat... Comme s'ils étaient tout, et la Nation rien ![2]

Si une Chambre ordinaire quelconque eût été illégitime pour absoudre les ministres accusés, ou altérer leur peine, à plus forte raison cette Chambre fût-elle regardée comme telle, où l'enquête sur leur accusation n'avait été admise que par une majorité incertaine, où, pour la première fois, à cette occasion, il avait fallu décider de nouveau, par le scrutin, ce qui avait été déjà résolu par assis et levé; cette Chambre qui avait paru se résoudre plus volontiers encore

[1] On n'a jamais reproché à l'Assemblée Constituante d'avoir mis fin à ses pouvoirs; mais d'avoir décidé qu'aucun de ses membres ne pourrait être immédiatement réélu. Et quelle différence dans le personnel des deux As- semblées! Ce qui était un mal alors, à combien d'exceptions près n'eût-ce pas été un bien aujourd'hui?

[2] Voyez le discours de M. Dupin aîné, séance du 30 août.

à abandonner la tête des prévenus, qu'à permettre la révélation, si importante pourtant, des complicités qui ont enlacé la France, dont la France est encore volcanisée sur plus d'un point, qu'il était si urgent de contre-miner par l'enquête, d'éventer par la publicité. Cette Chambre inspirait déjà la défiance la plus grande à la Nation; une proposition aussi intempestive que celle qui avait pour but avoué de soustraire les coupables à la peine capitale, avant même qu'ils fussent condamnés, ne fit qu'ajouter à l'irritation.

Nos ennemis toujours aux aguets pour nous nuire, ont tâché de mettre la circonstance à profit; mais cette tentative n'a fait que prouver leur faiblesse personnelle, et leur peu d'influence réelle sur les classes qu'ils espéraient remuer d'une manière plus opérative; en même temps que donner au Roi des Français une occasion de plus de montrer que son âme est à la hauteur de sa position, et qu'il ne démentira pas la confiance de la grande Nation qui a cherché en lui le plus digne d'être son premier Citoyen.

Quoiqu'il en soit de cet incident, si l'on est parvenu à causer quelque trouble dans la capitale, c'est à l'aide d'un sentiment vrai, naturel, légitime, partagé par tous les citoyens; celui qui s'oppose à ce qu'aucune autorité quelconque, autre que la Nation même, s'arroge le droit de soustraire les coupables de lèze-nation au châtiment qu'ils ont mérité. On a réussi peut-être à dénaturer ce sentiment chez quelques-uns, à leur faire croire, faute de réflexion et par entraînement, que dans la peine de mort consiste toute l'importance de ce châtiment; mais il n'est pas difficile sans doute de dissiper une prévention aussi mal fondée, et de ramener le petit nombre des esprits égarés à une manière de voir plus humaine en même temps que de meilleure politique, à une manière de voir qui, dans le fait, est celle de toute la Nation.

Car, que l'on ne s'y trompe pas, si la Nation ne veut pas que l'on arrache les ministres qui l'ont trahie à la punition exemplaire que leur félonie réclame, elle ne tient nullement à ce que cette punition soit la peine de mort; elle acceptera au contraire avec un vif empressement tout autre mode de peine qui satisfasse pleinement à la vindicte publique, sans répandre de sang; car elle répugne à en verser. Si la Nation réprouve avec énergie toute usurpation du droit appartenant à elle seule de prescrire une commutation, elle accueillera avec feu et réalisera avec bonheur tout moyen d'arriver à cette commutation par une voie légitime. Or, il n'en est, on ne peut trop le répéter, qu'une seule, la manifestation de la volonté de tous, l'intervention de la Souveraineté nationale.

Et ce n'est pas sans intention que j'emploie ici, comme je l'ai fait plusieurs fois dans le cours de cet écrit, ces mots de Souveraineté nationale, de préférence à ceux de Souveraineté du Peuple; quoique la synonimie ne soit pas parfaite dans ce cas, et que les derniers soient l'expression propre et consacrée. Mais j'ai eu en vue d'éviter qu'on pût prêter à mes paroles une fausse interprétation: En effet, le sens vrai du mot peuple a été défiguré par une double acception. Au lieu d'en étendre la signification à tous les participans au Contrat social, à tous les membres de la société, on la restreint trop souvent à une seule classe, celle des prolétaires, des citoyens qui ne vivent que du travail de leurs mains, en opposition avec les autres citoyens. De là naît une confusion fâcheuse, et il semble à des esprits peu réfléchis ou peu éclairés qu'il faille s'enfoncer dans les faubourgs pour y trouver la Souveraineté du Peuple. Sans doute ces citoyens laborieux et estimables sont aussi une portion du Peuple, et la portion qui n'est pas la moins intéressante ; mais ils ne constituent pas à eux seuls le Peuple ; car qui dit Peuple, dit l'universalité des citoyens.

Or, si l'on pouvait rassembler en une seule place l'universalité des citoyens de la France, et soumettre à leurs suffrages la question qui nous occupe, je suis assuré que le résultat de cette grande délibération serait le suivant :

« Le Peuple français veut que les coupables soient frappés par la loi, et que nulle main étrangère ne s'interpose pour en détourner ou en amortir le coup, afin que des ministres prévaricateurs ne puissent pas se vanter et se rire de l'impuissance des peuples trahis par eux, et étaler aux yeux de l'univers le scandaleux triomphe de leur impunité ;

» Mais le Peuple français veut aussi que ce châtiment exemplaire ne coûte rien à la gloire si pure de sa dernière révolution, à son humanité célébrée dans tout le monde, aux intérêts de sa liberté, gage de la liberté de toutes les nations.

» En conséquence, le Peuple français ordonne que le sang des coupables ne souille pas son territoire, mais qu'ils soient dépouillés de leurs biens mal acquis et mal employés, qu'ils soient rejetés du nombre de ses citoyens comme indignes, et qu'ils aillent traîner chez les peuples étrangers leur misérable existence, en butte au mépris et à l'exécration des hommes, à l'inévitable justice de Dieu. »

Telle serait, je ne crains pas de l'affirmer, la décision à peu-près unanime du Peuple français. Mais comment obtenir cette décision, comment faire concourir tant de citoyens, comment recueillir leurs votes, comment en opérer et en proclamer le dénombrement, comment en réaliser la volonté combinée ? Voici, on le voit, la question de possibilité réduite à son expression la plus simple. Il me reste enfin une seule réponse à donner; je le ferai en peu de mots :

Si le gouvernement, ainsi que je l'ai expliqué dans les pages précédentes, n'était pas dans une position délicate qui lui défend de prendre aucune initiative en cette conjoncture, j'indiquerais ici le moyen le plus simple et le plus expéditif, celui qui consiste à ouvrir dans chaque municipalité des registres destinés à recevoir le vœu des habitans de la commune. Mais, si ce mode nous est interdit quant à présent, il en est heureusement un autre qui peut y conduire ou y suppléer : c'est la manifestation spontanée d'une pensée utile, manifestation dont l'exercice nous est garantie par notre Charte, sous la forme de pétition. Simple citoyen, je ne puis proposer que celui-ci; mais il suffit heureusement à la nécessité actuelle.

J'ai donc l'honneur de soumettre à mes concitoyens un projet de pétition adressée au Roi des Français, et dans laquelle je résume les pensées qui m'ont inspiré cet écrit. Il sera fait, je pense, abstraction complète de l'homme, pour ne tenir compte que de la chose, et, pourvu que cette chose soit utile et juste, ma faible voix trouvera de l'écho. Que si toutefois l'on me demandait mes titres pour oser prendre la parole dans une occasion aussi auguste, j'en pourrais produire, à défaut d'autres, un qui les vaut tous peut-être. Car, et moi aussi, depuis plus de huit ans, j'ai subi la proscription et ses suites; et moi aussi, je suis une victime du prétendu Droit divin.

Unissez-vous donc à moi, vous qui avez été frappés par un pouvoir impie : Venez! Nos frères mutilés par la mitraille se mettront à notre tête, et nous irons tous ensemble offrir à la France le sacrifice de nos justes ressentimens. Que dis-je! nous irons, implacables, réclamer la vengeance la plus sûre et la plus terrible, celle de forcer nos méprisables ennemis à vivre pour être témoins de notre triomphe, de notre gloire, de notre liberté.

Secondez nos efforts, défenseurs courageux de nos droits, qui avez soutenu depuis tant d'années une périlleuse lutte, et qui veillez encore à ce que les heureux fruits de vos travaux ne soient pas corrompus; apôtres de l'humanité qui vous dévouez à une tâche vertueuse, qui, jusque sur les bancs du jury, ne craignez pas d'immoler votre conscience même, au cri de la nature; et vous aussi, venez à notre aide, vous qui savez vous associer à toutes nos gloires, vous dont le cœur est un trésor inépuisable de pitié et de bienfaisance, vous dont la vive imagination s'exalte pour tout ce qu'il y a de grand, de beau, de généreux dans la vie de l'homme, vous enfin dont les douces lèvres sont le trône de la persuasion. Femmes, vous ne manquerez pas d'éloquence pour vous opposer à ce qu'il soit versé du sang inutile ! Vous ne manquerez pas d'entraînement pour défendre les intérêts et l'honneur de notre belle patrie ! Qui ne sera pas ému de vos larmes? qui pourra résister à votre prière?

Citoyens, guerriers, électeurs, gardes nationaux, Français de tous les états, empressons-nous donc de prendre part à un acte non moins touchant que profitable. Que les Parisiens soient encore une fois assez heureux pour donner l'élan à ce mouvement magnanime. Ne furent-ils pas clémens au moment même du carnage !

Et dussions-nous ne pas atteindre le but que nous jugeons ressortir le mieux à la gloire et aux intérêts bien entendus du Peuple français, nous aurions fait encore œuvre de civisme le plus pur. Consacrant pour la première fois l'exercice dans son intégrité des droits souverains de la Nation, nous aurons concilié au fait qui doit en résulter, quel qu'il soit, un caractère irréfragable. Un peuple entier ne s'égare pas sur ses besoins vrais, sur sa véritable dignité. Ce qu'il résout, ce qu'il exécute ne saurait être ni la vengeance, ni la crainte, ni tout autre sentiment honteux; ce ne peut être que la justice. Nous aurons enfin pratiqué la seule voie par laquelle peut réellement être préservé l'ordre public, puisque à l'effervescence, aux animosités, aux ardeurs des passions, nous aurons substitué les tranquilles combinaisons d'une simple opération d'arithmétique.

AU ROI DES FRANÇAIS,

Sire,

Les Français soussignés, en leur qualité de Citoyens, membres du Souverain,

Ont l'honneur de vous adresser la présente Pétition pour manifester respectueusement au Chef de l'État, à qui la Charte du 7 août 1830 a confié le droit de grâce et de commutation, leur sentiment et leur vœu relativement à une question qui touche la gloire et les intérêts nationaux du Peuple Français;

Dans le but de parvenir par cette voie, s'il est

possible, à ce que la volonté générale de la Nation soit connue sur un aussi important sujet.

Voici :

Considérant, que, par suite des attentats les plus criminels contre les libertés des Français, les hommes qui composaient le dernier ministère de l'ex-roi Charles X ont été accusés par la Chambre des Députés, et traduits devant la Chambre des Pairs ;

Considérant que la marche suivie jusqu'à présent est régulière et conforme à ce que prescrit la Charte ;

Que néanmoins des tentatives ont été faites pour dénaturer, en le devançant, le jugement qui doit être prononcé, et que de pareilles tentatives, usurpatrices des droits de la Souveraineté nationale, pourraient être renouvelées ;

Que, dans cette haute circonstance, il est nécessaire que la procédure soit suivie, dans les limites qui lui sont tracées, que stricte justice soit rendue, et que les lois obtiennent force et vigueur ;

D'une autre part, que le but de toute punition relative à un crime contre la société doit être la plus grande utilité et gloire publiques ; que la gloire et l'utilité publiques paraissent ici, dans l'opinion du moins des Soussignés, réclamer une modification à la peine établie par la loi ; qu'indépendamment en effet du grand principe de droit naturel qui

défend d'ôter , toutes les fois qu'on peut faire différemment, la vie à une créature humaine, des considérations particulières à l'époque sociale où nous
nous trouvons, en exigeant que les coupables soient
punis d'une manière suffisante à la sécurité de
l'Etat, à la dignité de la Nation trahie , et de manière à prévenir le retour d'un crime aussi énorme,
commandent , non moins impérieusement , qu'ils
ne soient pas mis à mort ;

Que ce double but ne peut être atteint que par
une commutation de peine ;

Que , dans l'espèce, la Souveraineté étant directement intéressée, la commutation ne peut avoir
lieu que par un acte de clémence et de magnanimité du Peuple français et d'après sa volonté for-
melle ;

Que cette volonté une fois connue , au Roi appartient , d'après la Charte , de la mettre à exécution , en usant du droit de grâce et de commutation qui lui est attribué par la Charte ;

Par ces diverses considérations , les Soussignés
vous supplient, SIRE ,

Avant tout, de veiller à l'exacte observation des
lois , qui peut seule garantir nos libertés et notre
ordre social ;

En second lieu , dans le cas où , ce qu'il ne leur
paraît pas permis de révoquer en doute , les mi-

nistres accusés seraient condamnés à la peine de mort, comme aussi dans le cas où le vœu exprimé dans cette pétition aurait rallié la majorité bien authentiquement constatée des Français, de vouloir bien ordonner que la gloire sans tache de notre dernière révolution ne soit pas souillée de leur sang et qu'ils soient au contraire condamnés à supporter leur honte à la face de l'univers;

Qu'à la peine de mort soit substitué le bannissement à perpétuité, à moins que des voix plus nombreuses que celles des Soussignés ne jugent l'emprisonnement perpétuel ou toute autre peine autorisée par nos lois plus propre à satisfaire à la vindicte nationale en même temps qu'à la sécurité de l'état.

Daignez recevoir, Sire, l'expression du profond respect des soussignés, pour le caractère sacré dont vous êtes revêtu par la volonté nationale, et de leur amour pour les vertus personnelles qui vous en rendent si digne.

Paris, le   Novembre 1830.

RÉSUMÉ ET PRINCIPES.

L'écrit précédent, comme on a pu le voir, présente sous un point de vue nouveau la question relative aux ministres en accusation. Il en offre, si je ne m'abuse, la seule solution convenable.

Une nécessité rigoureuse, mais inévitable et juste, maîtrise le sujet : c'est que les accusés soient condamnés à la mort. J'ai dû reconnaître et démontrer cette nécessité; j'ai dû réclamer cette condamnation, quelles qu'en puissent être les conséquences. On me contestera peu ce premier point.

Mais je me suis proposé en même temps de mettre en lumière une vérité que la complication des incidens de ce mémorable procès obscurcit au premier aperçu : c'est qu'il n'est pas moins nécessaire peut-être aux intérêts et à la gloire de la France que les condamnés ne soient point exécutés. On m'accordera généralement encore cette assertion.

Enfin j'ai établi que le seul moyen légitime et possible pour arriver à ce que l'exécution ne suivît pas la condamnation, était un appel à la Souveraineté nationale. C'est ici que des préventions irréfléchies se débattront contre l'évidence qui les presse. Un appel à la Souveraineté nationale est un épouvantail pour beaucoup de personnes, de celles même qui reconnaissent en principe la Souveraineté du Peuple, mais qui sont effarouchées de la seule pensée de mettre cette Souveraineté en action. Expliquer comment une pareille opération se concilie avec l'ordre représentatif sous lequel nous vivons, et, loin de le menacer, est propre à le consolider au contraire en le complétant; ce sera faire évanouir devant les clartés de la raison, les monstrueux fantômes d'une imagination frappée. La matière est grave, et je me vois forcé de m'élever à des considération ardues; néanmoins, quelque difficile qu'il soit de traiter brièvement un aussi vaste sujet sans cesser d'être clair, je ferai en sorte d'être compris de tous ceux qui me prêteront un peu d'attention.

Du moment où se forme une réunion plus ou moins nombreuse d'hommes, leurs relations sont soumises à des obligations réciproques, prescrites par l'éternelle justice, qui veut que tous les membres de la société participent aussi également que possible aux avantages résultant de l'association. Je dis aussi également que possible, parce que la nature elle-même en distribuant les facultés aux individus dans une proportion diverse, a posé la base d'une disproportion correspondante dans le dividende de chacun. Les obligations réciproques de chaque membre d'une société d'hommes envers les autres membres de la même société, voilà ce qu'on entend par le *Contrat social*.

Le Contrat social et toutes les conséquences qui en dérivent ne peuvent pas régler la société sans prendre une forme. Il faut des conventions plus précises. Qui les établira? Par la raison que la société est instituée également pour l'intérêt de tous, les lois destinées à régir la société doivent être faites avec le concours de tous. Voilà la *Souveraineté nationale*, qui n'est autre chose que la volonté générale en tant que gouvernant la société.

Des principes passons à l'application qui en a été faite.

Les hommes, par une injuste exagération de l'amour de soi-même, sont portés à augmenter d'une manière abusive l'inégalité dont je viens de parler ; et les sociétés, avec une imprévoyance funeste, au lieu de restreindre cette inégalité à ses bornes raisonnables, la laissent s'accroître indéfiniment par tous les moyens possibles, au point que, dans la suite des temps, l'équilibre originaire vient à être complétement détruit. Tel est plus ou moins l'état où se trouvent nos sociétés, et qu'elles éprouvent généralement le besoin de réformer.

Mais, si les maux d'une pareille irrégularité se font sentir en toute occasion, il est impossible pourtant de les faire disparaître tout-à-coup et de revenir de plein saut et sans gradation à la constitution primitive de l'humanité. Le proposer serait folie, le tenter serait crime. Il en résulterait un affreux désordre, des malheurs incalculables ; et, après de longs déchiremens, la société se retrouverait dans le même état, sinon dans un état pire, que celui auquel on aurait voulu l'arracher. Ce n'est pas qu'on doive pour cela renoncer à l'espoir de retourner à l'état d'égalité naturelle, ou de s'en rapprocher au moins autant qu'il nous est donné de le faire. Mais on n'y saurait réussir que par une progression sagement graduée. Y diriger sans cesse la société est l'art du législateur. Les voies de transition sont l'objet d'une longue étude. Un jour, s'il m'est réservé de l'accomplir, je publierai sur ce sujet des études importantes peut-être, fruit du travail opiniâtre d'une existence jeune encore, mais vieille d'expérience. Cet espoir d'être utile à mes semblables m'a pu seul faire supporter les amères épreuves de la vie. Dès à présent, je donnerai ici une règle aussi simple que féconde pour tous ceux qui la sauront comprendre : *Les institutions doivent veiller sans cesse à répartir ce que l'homme tend sans cesse à accumuler.* C'est là tout le secret des bienfaits de notre code civil; c'est là la pierre de touche des mesures législatives qui doivent intervenir désormais.

S'il n'est pas permis de retourner *ex-abrupto* à la primitive égalité du Contrat social, il ne l'est pas davantage, par une raison corrélative, de revenir sans gradation à l'exercice absolu de la Souveraineté nationale. Cependant les progrès de celle-ci doivent devancer la marche de l'autre, comme la volonté précède le mouvement. Depuis notre révolution de 1789, un grand nombre de citoyens ont pris part, chez nous, à la Souveraineté nationale, un plus grand nombre sans doute que de ceux qui en comprennent réellement la nature et les devoirs. Je poserai encore ici une maxime non moins simple que la précédente : *Le nombre et la condition des citoyens qui concourent à l'exercice de la Souveraineté nationale doivent être tels que la société s'avance le plus sûrement possible vers l'entier rétablissement du Contrat social.* Ainsi cette maxime exclut également de laisser la majorité aux élémens qui tendraient à accroître les priviléges et les abus, comme à ceux qui, par ignorance, par cupidité, par précipitation, désorganiseraient la société.

Or, en France aujourd'hui, la classe moyenne qui est assez éclairée pour s'éloigner de ces deux extrêmes, peut-être même sans bien jusqu'ici s'en rendre compte, est appelée en majorité à élire, dans son propre sein (il est aisé de voir, par cette seule expression, en quoi pêche encore notre cens d'éligibilité), les citoyens qui la représentent pour la confection des lois, le concours à l'action du gouvernement et le contrôle du pouvoir exécutif. La Nation voit à sa tête un Roi héréditaire de son choix ou de son assentiment unanimes, qui la représente pour exercer la puissance exécutive, et concourir à la confection des lois. Un troisième pouvoir dont l'existence sera plus précieuse lorsqu'elle sera remise plus en harmonie avec la tendance de l'époque, est appelé à servir de contre-poids dans la machine du gouvernement. Enfin, l'autorité judiciaire est confiée à une magistrature qui réclame bien aussi quelques perfectionnemens, surtout la réforme d'abus de transition, mais à laquelle le principe d'inamovibilité qui lui est attribué assure assez déjà l'indépendance et la nationalité. Cet ordre de choses me semble éminemment propre à accomplir la grande tâche de régénération, en garantissant, autant que le comporte notre siècle, la légitimité, l'unité et la stabilité de l'action sociale.

Toutefois, il est des cas où les rouages ordinaires du gouvernement, tels qu'ils sont constitués parmi nous, ne suffisent plus; où la volonté générale n'a plus d'organes réguliers, où la Souveraineté nationale n'est plus représentée. Alors tout est remis au hasard; et, nouvellement, si la France n'avait pas été assez heureuse pour posséder d'abord un homme d'un caractère et d'une réputation aussi irréprochables, d'un cœur aussi désintéressé que Lafayette; puis un grand citoyen digne par son patriotisme, ses lumières et ses vertus de recevoir la couronne de l'acclamation des Français, comme Louis Philippe Ier; je le demande, dans quel chaos serions-nous plongés aujourd'hui ?

car abattre est l'œuvre de la force, mais édifier est celle de la sagesse, et, en révolution, il est plus facile de trouver l'accord dans la force que dans la sagesse. Je suis donc autorisé, pour prévenir les désordres, et empêcher l'appel à la force, à signaler une lacune dans notre législation, relativement aux circonstances exceptionnelles.

La position des ministres accusés présente un de ces cas d'exception. Notre droit public et particulier donne bien le moyen de les condamner, mais il ne fournit pas celui de ne les pas exécuter; le seul expédient efficace pour y parvenir serait donc de recourir à la Souveraineté nationale elle-même, puisqu'aucun des pouvoirs existans n'a le droit de la suppléer en cette occasion, et qu'il est interdit à qui que ce soit, par la nature même du fait, de prendre l'initiative pour elle, comme on l'a pu faire il y a trois mois. Tel est le texte de mon discours. Quant à l'obligation en elle-même ce n'est pas moi qui la crée; je ne fais que la montrer, et je ne comprendrais pas ceux qui fermeraient les yeux pour ne la point voir.

Il est facile sans doute de couper la difficulté à la racine, et d'un seul mot de se débarrasser d'un soin gênant, en alléguant que l'appel à la Souveraineté nationale est d'une réalisation impossible; mais il est facile aussi de rappeler qu'il ne faut pas remonter bien haut dans nos annales pour trouver un essai de ce genre, qui, tout incomplet qu'il fut, répond néanmoins d'une manière péremptoire à l'objection. Un fait est le meilleur des argumens.

Il ne reste alors qu'une seule ressource de contestation aux méticuleux qui n'osent pas envisager face-à-face la difficulté, c'est de dire que la vie de quatre misérables, qui ont de gaîté de cœur versé le sang français, n'est pas d'un assez grand prix pour mettre, à leur sujet, tout le Peuple français en émoi. Aussi n'est-ce pas sous ce point de vue que j'ai considéré la chose. Mais les intérêts nationaux et la gloire du Peuple français sont d'une importance assez haute, j'imagine, pour que la Nation tout entière s'en mette en peine. Ce n'est pas le lieu de développer cette proposition ; je l'ai fait dans le corps de mon écrit.

J'ai voulu seulement ici rendre bien évident que, lorsque j'ai proposé un appel à la Souveraineté nationale, je n'ai pas eu une pensée subversive ; que l'on ne saurait induire de ma proposition que la Souveraineté nationale doive, par une brusque et violente irruption, même d'une manière sensible, intervenir dans la marche du gouvernement, ou plus, ou différemment qu'il ne se pratique dans notre régime social actuel ; et qu'enfin, si je suis bien compris, on sentira qu'il manque quelque chose d'essentiel à la base de notre édifice représentatif ; que corriger ce défaut est une nécessité plus ou moins prochaine, et qu'en attendant y suppléer, par une voie préparatoire, par un acte légal, l'exercice du droit de pétition, ne saurait être dangereux, et doit être utile.

Que si ma voix n'est pas assez forte pour se faire écouter, mon autorité pas assez grande pour vaincre d'aveugles préventions, ou pour surmonter cette apathie qui laisse faire et n'a pas le courage de disputer à une fatalité funeste et périlleuse l'empire des destinées humaines ; si le seul moyen légitime pour arriver à une fin désirable n'inspire que l'indifférence, est repoussé par une peur imaginaire ou se trouve en définitif impraticable; je n'y saurai que faire; je ne puis que remplir mon devoir de citoyen en signalant les obligations que nous impose la conjoncture actuelle, et, si je ne parviens pas à prévenir une exécution sanglante, je pourrai du moins dire : je suis innocent du sang inutilement versé.

TABLE DES MATIÈRES.

Pages.

APPEL A LA SOUVERAINETÉ NATIONALE sur une question qui touche la gloire et les intérêts nationaux du Peuple français....... 1

Quel tribunal doit juger les ministres accusés................ 3

D'après quelle loi doivent être jugés les ministres accusés..... 14

Digression commune aux deux chapitres précédens......... 22

Quelle peine doit être appliquée aux ministres accusés........ 28

Retour à la question primitive............................ 31

De l'appel à la Souveraineté nationale..................... 4ᵣ

PROJET DE PÉTITION. *Au Roi des Français*.............. 59

NOTE APOLOGÉTIQUE. *Résumé et Principes*.............. 63

EVERAT, imprimeur, rue du Cadran, N. 16.

www.ingramcontent.com/pod-product-compliance
Lightning Source LLC
Chambersburg PA
CBHW061415060726
47597CB00003B/1061